Claus Chmiel

Pferdesportler fit gemacht

Training für Reiter, Voltigierer und Fahrer

FN-Verlag
der Deutschen Reiterlichen Vereinigung

ISBN 3-88542-275-1

Titelgestaltung: Rudolf Strecker, Sassenberg
Zeichnungen der Übungsteile: Thorsten Schaar, Rinteln
Layout: Ralf Dermann, Warendorf
Druck: Schnell Buch & Druck, Warendorf

Inhalt

KAPITEL 1

Fitness – Was Pferdesportler wissen sollten

1. Allgemeines

Auch Pferdesportler benötigen ein bestimmtes Leistungsniveau, um ihre pferdesportliche Disziplin richtig zu betreiben.

Dieses Buch soll Orientierungshilfen geben, um den Ausgleichssport sinnvoll und verständlich in die Ausbildungs- und Trainingsplanung einbringen zu können.

Unter den verschiedensten Schwerpunkten kommen dem Erwerb und dem Erhalt einer allgemeinen Grundkondition, einer disziplinbezogenen Spezialkondition und der Entwicklung einer ausreichenden Koordinationsfähigkeit besondere Bedeutung zu.

Kondition

Mit Kondition wird die Leistungsfähigkeit des Menschen bezeichnet, wobei der Aufbau und die Funktion der energieliefernden Organe eine Rolle spielen.

Koordination

Sie ist das Zusammenwirken des Zentralnervensystems und der Skelettmuskulatur innerhalb eines gezielten Bewegungsablaufes.

Bei Anfängern spielen vermehrt koordinative Fähigkeiten eine Rolle, doch im Verlaufe der Ausbildung und des späteren Trainings gewinnen zweifellos konditionelle Merkmale mehr und mehr an Bedeutung.

Training

Das Training ist ein komplexer Handlungsprozeß mit dem Ziel der planmäßigen Einwirkung auf die Leistungsfähigkeit des Organismus.

Eine planmäßige Ausbildung ist gekennzeichnet durch die **ständige Verbesserung der konditionellen und koordinativen Fähigkeiten**. Die Arbeit orientiert sich stets am Leistungsstand des Pferdesportlers.

Ein Reiter sollte aufgrund seines Leistungsvermögens sein Pferd nicht überfordern, umgekehrt gilt dasselbe.

Überforderung von der einen und von der anderen Seite erzeugt Unsicherheit und läßt eine konzentrierte Leistung in den seltensten Fällen zu.

Besonders in der Grundausbildung dürfen Sicherheit und Vertrauen nicht verloren gehen.

2. Vorbemerkungen zur Praxis

In allen Sportarten ist die Gymnastik ein fester Bestandteil der Ausbildung. Die Gymnastik erfüllt dabei mehrere Aufgaben, die sich unterteilen lassen in die vorbereitende Gymnastik (2.1), die nachbereitende Gymnastik (2.2) und die aufbauende Gymnastik (2.3). Weiterhin kommt der Ausdauerschulung (2.4) eine hohe Bedeutung zu.

Grundlagenforschung	Problembereich	Problemlösung
– Bewegungs-analysen – Haltungs-kontrolle	– Koordination – Dysbalancen – fehlende Dehnung – fehlende Grundkraft – Gewichts-probleme – Wirbelsäulen-probleme	– Früh-erkennung – Funktions-tests – Video-Creening – Gymnastik – Ausgleichs-sport

Bezug von Theorie und Praxis

2.1 Vorbereitende Gymnastik

Vor jeder körperlichen Aktivität erfüllt das Warmmachen die Aufgabe, den Organismus vorzubereiten und ihn in einen günstigen Ausgangszustand zu bringen. Neben dem „sich besser fühlen“ wird insbesondere die Blutzirkulation gesteigert und die Muskeltemperatur erhöht.

Durch ganz bestimmte Übungen, dazu gehören zweifellos die Dehnübungen, entspannen sich die Muskeln. Das Aufwärmprogramm soll individuell gesteuert werden und auf die aktuellen situativen Bedingungen abgestimmt sein. Die persönlichen Bedürfnisse sind sehr unterschiedlich und sollten stets Beachtung finden.

Man beginnt mit den Muskelgruppen, die bei der nachfolgenden sportlichen Aktivität am stärksten belastet werden. Die Intensität, die Anzahl der Übungen, die Wiederholungen bestimmt jeder für sich. Lediglich der Anfänger oder Unbefangene bekommt gezielte Hinweise.

Die vorbereitende Gymnastik (Aufwärmen) hat einen deutlichen Verstärkereffekt. Vieles, was beim Aufwärmen gemacht wird, beruht auf Erfahrungswerten, die sich in jeder Sportart auf Dauer durchsetzen. Hohe Erwartungen werden mit dem Warmmachen verbunden, denn das Warmmachen schützt vor Verletzungen, die konditionellen Fähigkeiten werden besser genutzt, man fühlt sich leistungsbereiter.

2.2 Nachbereitende Gymnastik

Das „passive Entmüden“ kennt jeder. Duschen, Bäder, Sauna, Massage werden darunter verstanden. Das „aktive Entmüden“ in Form von Auslaufen oder Gymnastik ist aber ebenso weit verbreitet. Die Vorgehensweise ist dabei ähnlich wie bei der vorbereitenden Gymnastik.

Die nachbereitende Gymnastik besteht auch wieder vorwiegend aus der Dehnung. Sie wird jedoch mit allgemein beweglichmachenden Übungen ergänzt. Außerdem ist sie abhängig von dem Umfang und der Intensität der vorhergegangenen Belastung.

Der individuell dosierte Reiz spielt dabei eine dominierende Rolle. Normalerweise kennt man die gruppenweise Einstimmung vor der körperlichen Belastung. Nicht unwesentlich ist jedoch in diesem Zusammenhang der Hinweis, daß die vor- und nachbereitende Gymnastik durchaus stärker individualisiert durchgeführt werden sollte.

2.3 Aufbauende Gymnastik (Konditionsgymnastik)

Bei erkennbaren Haltungs- und Bewegungsschwächen wird die Muskulatur gekräftigt, um den Ansprüchen einer sportlichen Aktivität zu entsprechen. Die Kraftentwicklung des Rumpfes dient auch dazu, eventuelle Dysbalancen in den vier Funktionskreisen (siehe Abb.) auszugleichen.

Die vier Funktionskreise

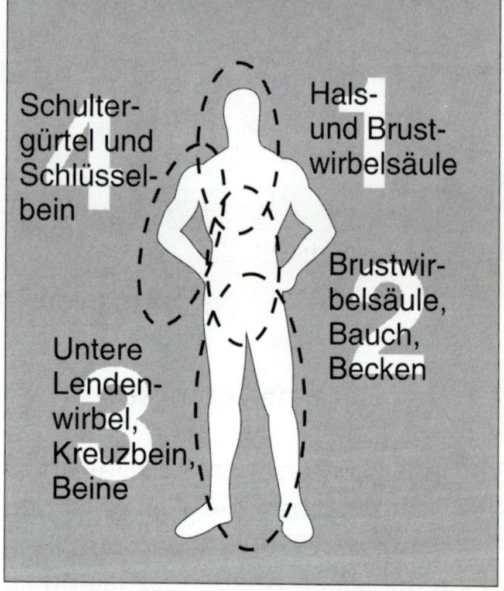

Die Erscheinungsformen der Kraft sind von Sportart zu Sportart unterschiedlich. Es werden drei Kraftfähigkeiten unterschieden:

Kraftausdauer

Sie ist die Fähigkeit des Muskels, über längere Zeiträume Widerstände zu überwinden.

Einfluß haben Koordination und allgemeine Ausdauer.
Die Belastungsintensitäten liegen bei 30-50% der individuellen Maximalkraft.

Schnellkraft

Sie ist die Fähigkeit des Muskels, einen hohen Kraftwiderstand in kürzester Zeit zu überwinden.
Einfluß haben Koordination und Maximalkraft.
Die Belastungsintensitäten liegen bei 70-90% der individuellen Maximalkraft.

Maximalkraft

Sie ist die Fähigkeit des Muskels, einen maximalen Widerstand zu überwinden.
Einfluß haben der Muskelquerschnitt, die Muskelstruktur und die Koordination.
(Maximalkraft = 100%)

Für Pferdesportler ist allgemein die **Kraftausdauer** von besonderer Bedeutung. Einzige Ausnahme bilden die Voltigierer. Sie benötigen neben der Kraftausdauer noch die Schnellkraft.

2.4 Die Ausdauerschulung

Ausdauer verbindet man mit der Leistung des Herz-Kreislauf-Systems, sowie mit dem Stoffwechsel und der Atmung. Die Ausdauer fördert die Fähigkeit, ein Gleichgewicht von Sauerstoffaufnahme und Sauerstoffverbrauch zu erhalten, um der Ermüdung zu widerstehen.

Wer sich, wie im Reitsport, über längere Zeiträume belastet, sollte über eine gute allgemeine Ausdauer verfügen, um die arbeitende Muskulatur zu jeder Zeit mit ausreichend Sauerstoff zu versorgen. Bei den Vielseitigkeitsreitern sollte die Ausdauer besonders ausgeprägt sein. Zur Verbesserung der Ausdauerleistung ist das Joggen immer noch am effektivsten.

Der wertvolle Effekt des **Laufens** stellt sich immer dann ein, wenn der sogenannte Bewegungsreiz stimmt, das heißt, wenn Lauftempo und Pulsfrequenz zueinander passen.

Nach Prof. Hollmann soll die Pulsfrequenz 180 Puls/min minus Lebensalter als Faustregel zugrunde gelegt werden. Der Umfang der Belastung beträgt im allgemeinen 30 Minuten und das möglichst 3x wöchentlich.

$$\frac{\text{Puls}}{\text{min}} = 180 - \text{Lebensalter}$$

Weitere Hinweise zum Thema Laufen findet der Leser in Kapitel 9.

Welche Ergebnisse werden durch regelmäßiges Laufen erzielt?

- Erhöhung des Atemvolumens, die Lunge nimmt mehr Sauerstoff auf.
- Verbesserung der Herzleistung, das Herz pumpt mehr Blut durch das Gefäßsystem, arbeitet langsamer und wirkungsvoller.

- Zunahme der Blutgefäße an Zahl und Größe, Verbesserung der gesamten Versorgung mit Sauerstoff.
- Verbesserung der Muskelspannungen, die Gefäßwandungen verstärken sich, der Blutdruck wird gesenkt.
- Umwandlung von Fett- in Muskelgewebe.
- Erhöhung u.a. der roten Blutkörperchen im Blut.

Das Ergebnis des Ausdauertrainings liegt im erhöhten Sauerstoffverbrauch. Der Körper braucht Sauerstoff, um die geforderte Energie bereitzustellen. Der Organismus kann nämlich Sauerstoff nicht speichern, sondern muß ihn immer wieder aufnehmen und an das Gewebe weiterleiten.

3. Der passive Bewegungsapparat

Den passiven Bewegungsapparat bilden die Knochen und deren gelenkige Verbindungen. Seine Konstruktion erst lassen Schwingungen, Drehungen, Streckungen und elastische Nachgiebigkeit zu. Knochen haben nicht nur eine Form, sondern sie sind auch formbar. Ihre Konstruktionen und ihre Funktionen lassen Bewegungen zu oder schränken sie ein. Es würde hier zu weit führen, eine umfangreiche anatomische Abhandlung über die innere und äußere Struktur der Knochen vorzunehmen; fest steht jedoch, daß die Funktionalität stets in einer sinnvollen Gymnastik beachtet werden muß. Überall, wo hohe Stabilität verlangt wird, haben wir festere Verbindungen, wie zum Beispiel in der Mittelpositur. Unter Mittelpositur versteht man in der Reitersprache den Komplex Becken, unterer fester Teil der Wirbelsäule, das Kreuzbein und die Oberschenkel, die durch das Hüftgelenk mit dem Beckenring verbunden sind. Zum besseren Verständnis dient die folgende Abbildung.

Vollansicht des Beckens auf dem Pferd

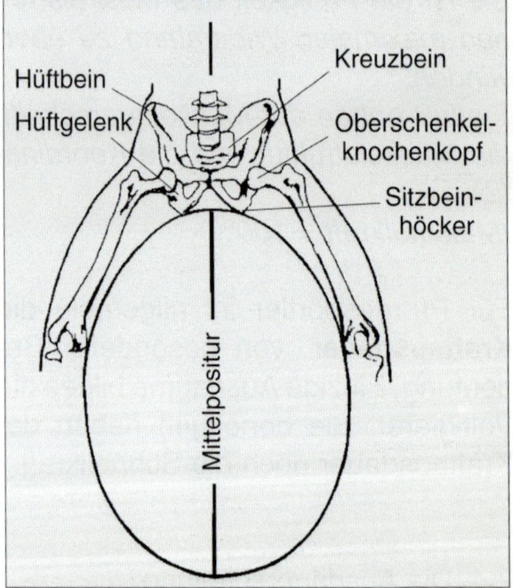

Der Beckenring, zusammengewachsen aus Darm-, Sitz- und Schambein, verleiht dem Becken eine optimale Stabilität und Elastizität, so daß Belastungen bei entsprechender Beweglichkeit der Mittelpositur kein Problem darstellen dürften. Dennoch haben Pferdesportler gerade in diesem Bereich ihre Probleme. Sie sitzen oft zu weit vorn auf den Oberschenkeln oder zu weit hinten auf dem Gesäß, ohne im tiefen Sitzdreieck den Kontakt zu finden.

Auch die Gelenke sind auf ein optimales Zusammenspiel von Muskeln, Bändern und Sehnen angewiesen, ganz besonders auf die vom Muskel auf die Gelenke wirkende Kraft. Daher ist es falsch, die Gymnastik nur unter dem Gesichtspunkt der Muskelbeanspruchung zu sehen, sondern die Gelenkbeweglichkeit ist mit einzubeziehen. Neben dem Stretchen und der Kraftarbeit spielt die Mobilisation eine zentrale Rolle.

DEHNEN

Übungen zur Entspannung der Muskulatur, die durch eine langsame und gleichförmige Dehnungsbewegung gekennzeichnet sind.

MOBILISIEREN

Die körperliche Fähigkeit, Bewegungen mit einer großen Schwingungsbreite in den Gelenken und Gelenksystemen auszuführen.

KRÄFTIGEN

Verbesserung der Leistungsfähigkeit der Bewegungs- und Haltemuskulatur.

4. Der aktive Bewegungsapparat

Die Funktion des Muskels wird durch seine Form bestimmt. Muskeln können spindelförmig sein, mit einem dikken Muskelbauch, oder gefiedert, wobei dann die Fasern schräg zu den Sehnen verlaufen (siehe Abbildungen auf Seite 16). Die verschiedenen Muskelformen haben einen Einfluß auf die Art der Kontraktion. Es ist bedeutend, daß spindelförmige Muskeln bei geringem Kraftaufwand und langsamer, gleichmäßiger Belastung größere Bewegungen in den Gelenken zulassen.

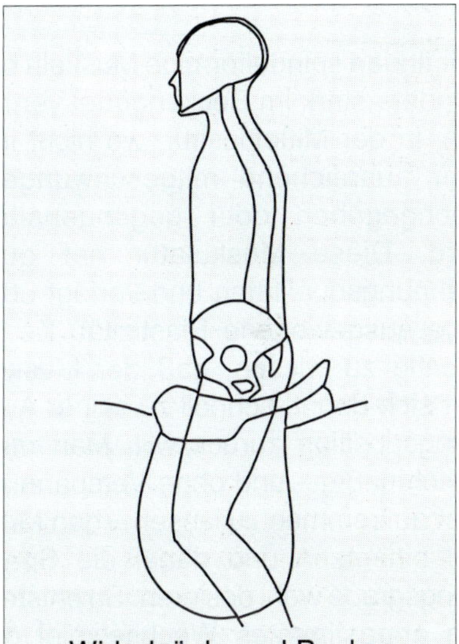

Wirbelsäule und Becken

Das richtig ausbalancierte Becken läßt eine natürliche Schwingung der Wirbelsäule zu. Die normal herabhängenden Oberschenkel geben dem Knie eine tiefe Lage. Die Gewichtshilfen sind mit dem Sitzdreieck eng verbunden. Der Reiter kann durch Verlagerung seines Schwerpunkts die Bewegungsrichtung des Pferdes beeinflussen, da das Pferd versucht, unter dem Schwerpunkt des Reiters zu bleiben.

Für einen „Bilderbuch"-Reiter ist ein niedriges, schmales Becken von großem Vorteil. Ist nämlich die Entfernung oberer Hüftbeinknochen – unterer Sitzbeinknochenrand und die Entfernung der Hüftbeine untereinander relativ eng, kann bei langgestreckten Beinen (tiefes Knie) die tiefe Sitzposition leichter gehalten werden.

Wir finden spindelförmige Muskeln besonders stark im Beckengürtel vertreten, in der Mittelpositur, wo nicht immer ausreichend mitgeschwungen, nachgegeben oder gegengehalten wird. Diese Muskulatur hat gute Dehnungsqualitäten und verfügt über eine ausgewogene Elastizität. Es ist wichtig zu wissen, daß der Muskel, der sich dehnt, schnell zu seiner Ausgangsposition zurück will. Man muß gleichmäßig – und ohne Verspannungen aufkommen zu lassen – den Muskel einsetzen und dabei die Spannungsgrade wohl dosieren. So entsteht ein abgestimmtes Wechselspiel der verschiedenen Spannungsgrade in die unterschiedlichsten Richtungen.

Dem körperlichen Wohlgefühl über das Aufwärmen kommt eine Schlüsselrolle zu. Durch die Veränderungen des Muskelzustandes, zum Beispiel beim Vordehnen, kommt Wärme in die Muskulatur, und die Muskelempfindlichkeit wird größer.

Sogenannte „thermo-elastische Eigenschaften" des Muskels werden durch das Aufwärmen vor dem Aufsteigen für späteres Sitzgefühl genutzt. Elastizität, Dehnfähigkeit sind u.a. muskuläre Eigenschaften, die man nutzen muß. Ferner muß auf das gesamte Zusammenspiel der einzelnen Muskelgruppen immer wieder hingewiesen werden.

Die Einwirkung ist immer durch den Einsatz aktiver und passiver Muskeln zu sehen. Da stets viele Muskeln in ständiger Aktivität sind, sollte auch das bewußte Entspannen über die Gymnastik vermittelt werden.

In jeder Körperhaltung wird nicht nur muskulär entspannt, sondern auch die Konzentration auf weiter ablaufende psychoregulative Handlungen erhöht.

Entspannungspositionen nach dem Reiten oder zwischen einzelnen Starts auf dem Turnier:

Sitz, beide Beine angehockt, Oberkörper leicht nach vorne dehnen, Kopf fallen lassen

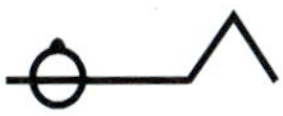

Rückenlage, Beine angehockt, Arme seitlich abgelegt, ruhig atmen

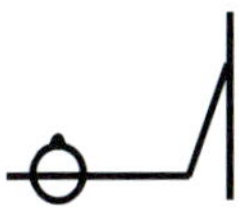

Rückenlage, Beine hochgelegt, Arme seitlich abgelegt, ruhig atmen

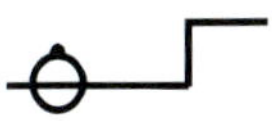

Seitlage, Beine angehockt, Kopf abgelegt, ruhig atmen

5. Wirkungsweise auf die Muskulatur

Während der Gymnastik wird mit den unterschiedlichsten Muskelwiderständen gearbeitet, um dadurch das Muskelempfinden zu schulen. So lernt man die Muskelaktivität zu kontrollieren und sich stets bei einem angemessenen Kraftaufwand und außerhalb von Verspannungsfeldern zu bewegen.

Die Fähigkeit, sich disziplinspezifischen Belastungen anzupassen, ohne dabei zu verspannen, zu verkrampfen und ohne unnütze Kraft aufzuwenden, wird durch die Verbesserung der elastischen Eigenschaften des Muskels, der Bänder und Sehnen und deren Dehnfähigkeit unterstützt. Die gezielte Kraftarbeit für den Muskel ist individuell zu dosieren. Funktionstests können hier klare Aussagen geben.

In vielen Fällen fehlt die Grundkraft, sind die Bauch-, Rücken- und Schultermuskulatur auffällig unterentwickelt, und dadurch werden Hohlkreuzhaltungen und der nach vorne verlagerte Schultergürtel unterstützt.

Man kann feststellen, daß die Beweglichkeit in den Gelenken in Verbindung mit Koordination und Kondition eine Einheit bildet. Die systematische Gymnastik zielt darauf ab, die Gelenkbeweglichkeit mit ihren verbindenden Sehnen und Bändern und ihren kraftübersetzenden Muskeln so zu verbessern, daß Sitz und Einwirkung davon profitieren.

Schon früh verliert der Mensch die ihm angeborene Beweglichkeit. Mangelnde Beweglichkeit schränkt jedoch die Einwirkungsmöglichkeiten ein. Dort, wo die Beweglichkeit im Sport eine besondere Rolle spielt, muß sie folglich im Training beachtet werden.

Da sich Muskeln stark dehnen lassen und eine eigene Kontraktilität haben, Sehnen hingegen nur rund drei bis fünf Prozent dehnbar sind und keine eigene Kontraktilität besitzen, führt unsachgemäße Beweglichmachung zu einer Hypermobilität in den Gelenken. Die Folge sind oft Überdehnungen der Sehnen und die Funktionsfähigkeit der Gelenke wird gefährdet. Vorsicht also beim unsachgemäßen „Verrenken".

Es ist wichtig zu wissen, daß eine größere funktionale Gelenkbeweglichkeit in erster Linie durch qualitative Verbesserung der elastischen Eigenschaften der gelenkumfassenden Muskeln erreicht wird und nicht durch eine gesteigerte Dehnfähigkeit bindegewebiger Anteile.

Dehnungsübungen als Mittel der Beweglichkeitsverbesserung und Elastizitätssteigerung sowohl des aktiven als auch des passiven Bewegungsapparats sind traditionsgemäß stets Teil der Gymnastik. Man unterscheidet nicht nur verschiedene Dehnungstechniken, sondern stellt auch verschiedene Forderungen:

- sie sollen den sportartspezifischen Belastungen angemessen sein,
- die Ausführung soll einfach sein,
- sie sollen als Komplex nicht zu lange dauern,
- und sie sollen immer als Entspannungsübungen mit herangezogen werden.

Techniken:

Dynamisch aktiv dehnen	↔	nach-federn
Statisch passiv dehnen	↔	„gehaltenes" Dehnen

KAPITEL 2

Stretchen / Dehnen

Durch das Stretchen wird eine Steigerung der Muskeldehnfähigkeit erzielt. Durch regelmäßiges Dehnen des Muskels wird die Muskulatur entspannter, der Sitz des Reiters geschmeidiger.

Zwei Formen des Dehnens sind gebräuchlich:

Statisches, passives Dehnen

auch „gehaltenes Dehnen" genannt, bei dem der Muskel behutsam an eine Dehnung herangeführt wird und dann eine bestimmte Zeit lang gehalten wird: ***zehn bis dreißig sec Dauer***

Dynamisches, aktives Dehnen

bei dem der Muskel durch Nachfedern immer wieder aufs neue in eine Dehnungshaltung gebracht wird: ***vier bis acht Wiederholungen***

Welche der beiden Formen grundsätzlich wirkungsvoller ist, kann so nicht beantwortet werden. Beide Techniken haben ihren eigenen Wert. **Für das Reiten ist erfahrungsgemäß das statisch passive Dehnen zu bevorzugen**, weil die Grundspannung des Muskels schnell gesenkt wird und das Muskelgefühl schneller erreicht wird.

Für die durch das Reiten bedingten verkürzten Muskelarten – u.a. Brustmuskel, Hüftbeuger, vorderer und hinterer Oberschenkelmuskel, Nackenmuskel – ist das Stretchen eine gute Möglichkeit, mindestens die normale Muskellänge wieder zu erlangen.

Schematische Darstellung der verschiedenen Muskelformen

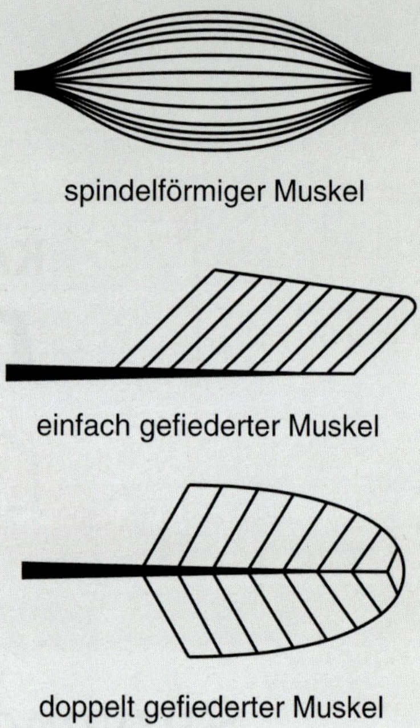

Die Reiter, die mit der Dehnungsmethode vertraut sind, bestätigen eine verbesserte Geschmeidigkeit und Beweglichkeit beim Sitzen und Einwirken.

■ Nach B.Blum bewirkt das Stretching im einzelnen:

- stark erhöhte Mobilität in den Gelenken
- bessere Elastizität des gesamten Bewegungsapparates
- leichtere Bewegungsausführung

- weniger mechanische Widerstände im Gewebe
- Steigerung der Durchblutung und des Stoffwechsels der Muskulatur
- optimale Muskelspannung
- erhöhte Muskelleistung
- geringere Verletzungsgefahr
- gesteigertes Wohlbefinden
- gesteigertes Körperbewußtsein und Körpergefühl.

Einzel-Übungen

1

Rückenlage, Knie gestreckt, Rücken an den Boden drücken, Zehen anziehen

2

Rückenlage, Rücken an den Boden drücken, Kopf langsam auf die Brust ziehen

3

Schneidersitz, Arme nach oben strekken, Becken in Mittelstellung, Rücken gerade

4

Sitzen, ein Bein gestreckt, ein Bein angehockt, Rücken gestreckt (parallel, nicht die Beine kreuzen)

5

Schneidersitz, Beine angehockt, vorbeugen des Oberkörpers

6

Rundrücken - gerader Rücken ganz langsam im Wechsel, in der Endphase 10 sec. halten

7

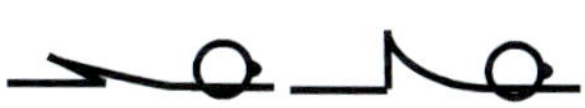

Rutschhalte, Oberkörper in Richtung Boden drücken

8

Kniestand, hinteres Bein gestreckt, Hüfte nach vorne schieben

9

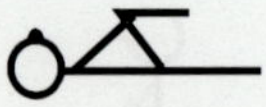

Rückenlage, li/re Bein im Wechsel anziehen und dehnen (unter das Kniegelenk fassen)

10

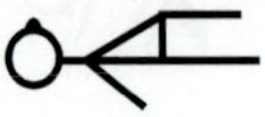

Rückenlage, ein Bein angehockt, Knie nach außen drücken

11

Grätschsitz, Arme strecken

12

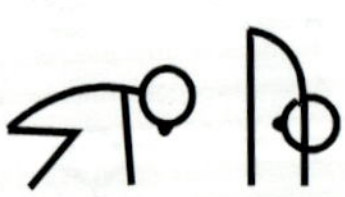

Hocke, Beine strecken und wieder in die Hocke gehen

13

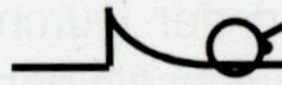

Rutschhalte, Rücken strecken, kein Hohlkreuz, Oberkörper herunterdrükken, Arme strecken, einen Arm li+re im Wechsel vom Boden abheben

14

Kniestand, Oberkörper langsam nach vorne beugen (Wirbelsäule abrollen)

15

Sitz, Wirbelsäule aufrollen zum Liegestütz rücklings

16

Bauchlage, Oberschenkel parallel, Hand zum Fuß fassen, Knie leicht vom Boden heben, Absatz in Richtung Gesäß führen

Partner-Übungen

17

Schneidersitz, Oberkörper vorbeugen, Arme nach oben bringen (hinter dem Körper, gestreckt)

18

Rumpfseitbeuge im Stand

19

Ausfallschritt, Rücken gerade, Hände hinter dem Kopf

20

weite Seitgrätschstellung, Oberkörper strecken

Merke: Der Partner soll den Bewegungsablauf genau beobachten und ganz speziell darauf achten, daß jede Art von Hohlkreuzhaltung vermieden wird. Der Dialog über die Ausführung der Übungen ist für das Paar wichtig!

21

ein Partner in Bauchlage, der andere in der Hocke, den liegenden Partner durch gleichmäßiges Ziehen strecken, d.h. Wirbelsäule strecken, sprich „auseinanderziehen"

22

ein Partner in Bauchlage, der andere in der Hocke, den Partner an den Füßen packen und durch gleichmäßiges Ziehen die Wirbelsäule strecken

23

Partner im Seitgrätschsitz, gebeugte Knie, der andere Partner wirkt stehend vorwärts dehnend auf den Rücken

24

ein Partner gibt im Grätschstand, gebeugte Knie, beim Rumpfvorbeugen dem hinteren Partner die Hände zwischen den Beinen durch und verlagert das Gewicht ganz weich nach vorne, während der Partner gegenhält

25

Im Langsitz, Rücken an Rücken, die Hände fassen und zur Hochhalte bringen

26

Rücken an Rücken stehen, Arme zur Hochhalte, Handfassung

27

Partner in Bauchlage, der hinter ihm kniende drückt dehnend die Absätze in Richtung Gesäß

28

Partner in Rückenlage, der andere Partner drückt dehnend das gebeugte Bein in Richtung des Körpers

29

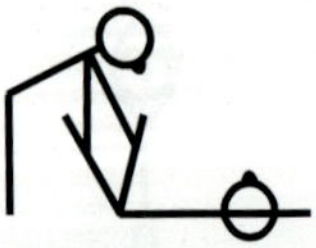

Partner in Rückenlage, der andere Partner drückt dehnend die gestreckten Beine auseinander, Partner faßt unterhalb der Knie an

30

Partner in Bauchlage, der andere Partner kniet und zieht dehnend das gestreckte Bein auf sich zu (Hüfte bleibt am Boden), oberhalb des Knies anfassen

31

Partner in Bauchlage, der stehende Partner drückt vorsichtig die Arme hoch, oberhalb der Ellenbogengelenke anfassen

32

Partner im Langsitz, der andere kniende Partner drückt vorsichtig die Arme hoch (Rücken bleibt gerade)

33

Partner in Seitenlage, Hüfte gestreckt, der andere Partner dehnt das gestreckte Bein nach oben, oberhalb des Knies anfassen

34

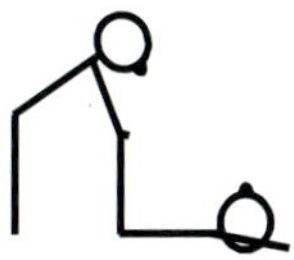

Partner in Rückenlage, Bein gestreckt, der andere Partner drückt die Zehen nach unten

35

Partner in Rückenlage, der darüber kniende Partner zieht dehnend den Kopf auf sich zu

36

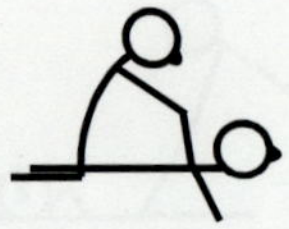

Partner in Bauchlage, Arme in Seitlage, der darüber kniende Partner dehnt die gestreckten Arme seitlich nach oben

37

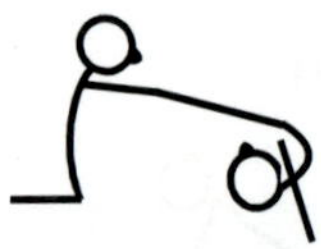

Partner rollt aus der Rückenlage zurück, der kniende Partner zieht die Beine vorsichtig parallel zum Boden dehnend auf sich zu, Beine nicht herunterdrücken, Brustkorb nicht eindrükken

38

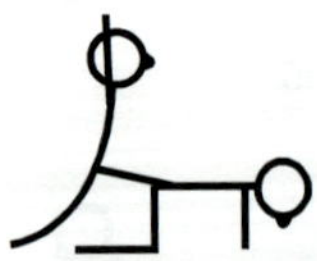

Partner in der Bank, der andere Partner legt das gestreckte Bein auf den Po, nicht auf die Wirbelsäule, und streckt die Arme nach oben

39

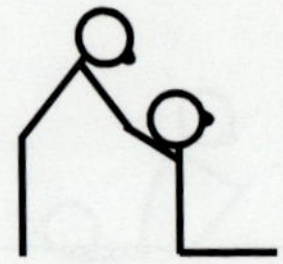

Partner im Kniestand, Hüfte gestreckt, gibt dem stehenden Partner die Hände, dieser gibt rückwärts dehnend langsam etwas nach

40

Partner im Kniestand, der dahinter kniende Partner drückt leicht den Unterschenkel gegen das Gesäß

KAPITEL 3

Gelenkbeweglichkeit Mobilisation

Aktive und passive Gymnastik für Muskeln und Gelenke dient dem Ziel, die Beweglichkeit zu verbessern. Beim Reiten ist die Beweglichkeit eine nicht wegzudenkende Größe.

Man erkennt sie bei der Schwingung der Wirbelsäule, beim Mitgehen in der „Mittelpositur", beim tiefen und zugleich federnden Absatz, im Knie-, Fuß- und Sprunggelenk.

Mangelnde Mobilisation stört den Sitz und beeinträchtigt die Einwirkung, schränkt beim Voltigieren störungsfreie Bewegungen ein.

Da, wie schon erwähnt, die Muskeln über die größte Dehnfähigkeit verfügen, Bänder und Sehnen aufgrund ihrer Struktur und Aufgaben sich weniger dehnen lassen, sind solche Dehnübungen, bei denen Gelenke mit eingeschlossen sind, gut bedacht zu dosieren.

Beweglichmachende Übungen haben in der Gymnastik eine lange Tradition.

Beweglichkeit

Sie ist die Fähigkeit, Bewegungen mit einer großen Schwingungsbreite selbst oder mit unterstützendem Einfluß des Partners ausführen zu können.

Die Beweglichkeit ist eine wichtige Voraussetzung für die qualitativ und quantitativ gute Bewegung. Bei guter Beweglichkeit können Bewegungen mit größerer Bewegungsweite, aber auch kräftiger und schneller, fließender und ausdrucksvoller ausgeführt werden. Eine gute Gelenkbeweglichkeit darf nicht mit extremen Schwingungsbreiten in den Gelenken verbessert werden. Bei manchen Menschen sind gewisse Einschränkungen in der Gestalt und der Führung der gelenkbildenden Knochen und Gelenkflächen vorhanden. Stark ausgeprägte Muskeln können zur Einschränkung der Bewegung führen. Auch Dehnungsdefizite der Muskulatur wirken sich negativ aus.

Die Beweglichkeit hängt von der Form und dem Funktionszustand der an der Bewegung beteiligten Gelenkstrukturen sowie von den Sehnen und Muskeln ab.

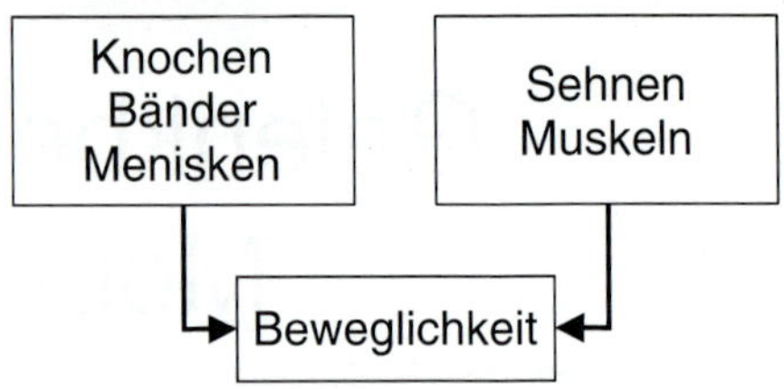

Es lassen sich deutlich die relativ voneinander unabhängigen Komponenten **Beweglichkeit** (Gelenke und Bandscheiben) und **Dehnfähigkeit** (Muskeln, Sehnen, Bänder, Gelenkkapseln) unterscheiden.

In der Sportpraxis kann man über Kontrollübungen, z.B. Rumpfbeugen, und Standardbewegungen die Beweglichkeit feststellen.

Einzel-Übungen

Merke: jede Übung 6-10x in einem langsamen Tempo ausführen.

1

Rückenlage, Rücken an den Boden gedrückt, Radfahren

2

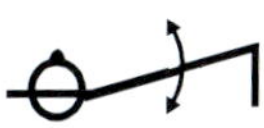

Rückenlage, gleichmäßiges langsames Heben und Senken der Hüfte (ohne Bodenkontakt)

3

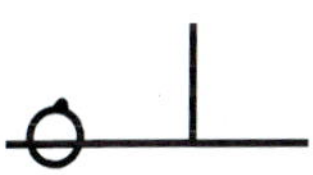

Rückenlage, gestrecktes Bein (li/re) ohne Bodenkontakt anheben und strecken

4

gestreckte Seitlage, alle Gelenke übereinander, einbeiniges Radfahren

5

Sitz, Arme über dem Kopf zusammenführen, strecken und beugen, Rücken gerade, Becken in Mittelstellung

6

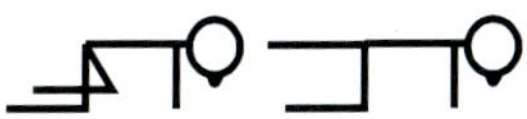

Bank, anschwingen und strecken jeweils eines Beines (nicht über die Waagerechte hinaus, kein Hohlkreuz)

7

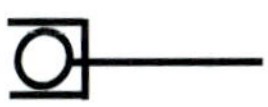

Bauchlage, heben und senken der Ellenbogen, Schulterblätter in Richtung Wirbelsäule zusammenführen, Kopf frei getragen, Blick zum Boden

8

Bauchlage, Arme gestreckt, Schultern kreisen, Arme leicht aufgelegt, Kopf frei getragen (Blick zum Boden)

9

aus dem Sitz gleichmäßiges Heben und Senken der Hüfte, nicht absitzen

10

Rückenlage, Kopf gehoben, diagonales Vorgehen, Ellenbogen zum Knie und umgekehrt, Rücken bleibt flach am Boden

11

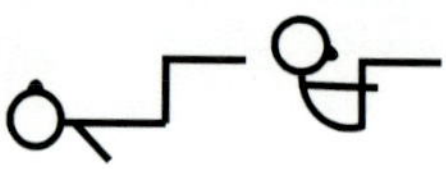

Rückenlage, Kopf flach, Oberkörper aufrollen, gestreckte Arme am Gesäß vorbeischieben

12

Rückenlage, Beine leicht angebeugt, diagonales Hochgehen, Hand zum Fuß und umgekehrt, Rücken bleibt flach am Boden

13

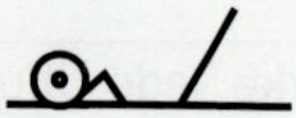

Seitlage, li/re Bein hochführen und senken

14

Seitlage, gestrecktes Bein kreisen

15

im Liegen (Bauchlage) „Hampelmann"

16

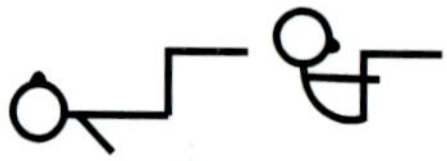

Rückenlage, Oberkörper aufrollen, gestreckter Arm li/re diagonal am Knie vorbeiführen

17

Bauchlage, gestreckte Beine heben und senken

18

Bauchlage, diagonales langsames Heben und Senken der Arme und der Beine

19

Bauchlage, flacher Rücken, Arme gestreckt auf - abschlagen

20

beidseitiges Armkreisen ein- und auswärts

Partner-Übungen

21

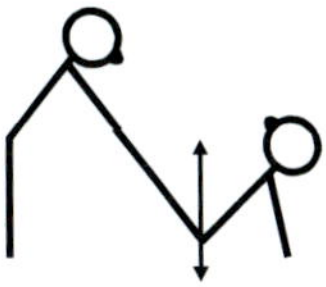

Liegestütz rücklings, Partner hält die Füße, heben und senken der Hüfte

22

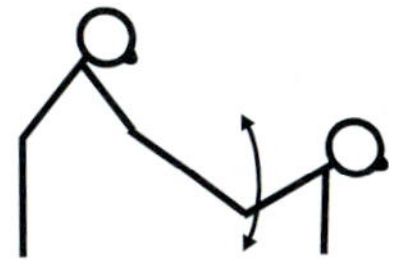

Liegestütz vorlings, Partner hält die Füße, heben und senken der Hüfte

23

Rücken an Rücken, Hände über dem Kopf und durch die gespreizten Beine im Wechsel fassen

24

im Sitzen, abgestützt, anheben der Beine und gegenkreisen, nach innen und nach außen im Wechsel

25

im Sitzen, abgestützt, gestreckte Beine mit den Fußsohlen zueinander, strecken und hocken im Wechsel

26

zueinanderstehend die gestreckten Beine (links + rechts) parallel hin und her schwingen

27

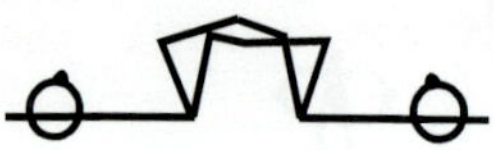

Rückenlage, Fußsohlen gegeneinander, Radfahren

28

Langsitz, Rücken an Rücken, Arme im Wechsel gestreckt heben und senken

29

Gegenüberstellung, Hände fassen und im rhythmischen Wechsel Hocke und aufstehen, gerader Rücken

30

voreinanderstehen und synchrones „Hampelmannspringen"

31

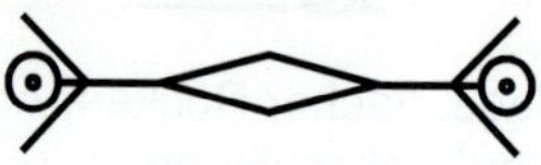

Rückenlage, Fußsohlen zueinander und auseinander - und zusammenführen der gestreckten Beine

32

voreinanderstehen und im rhythmischen Wechsel li + re Bein nach außen schwingen

33

Seitlage und im rhythmischen Wechsel gestrecktes Bein (li + re) über- und untereinander hin- und herschwingen

34

voreinanderstehen, Handflächen gegeneinanderdrücken und gleichzeitig Hocke und Stehen im rhythmischen Wechsel

35

Seitgalopp (synchron), die Arme auseinander und zusammenschwingen

36

im Sitz zueinander, Fußsohlen gegeneinander, im Wechsel Hüfte heben und senken

37

„Crunchhaltung", Fußsohlen gegeneinander, im Wechsel Oberkörper leicht auf- und abrollen

38

„Crunchhaltung", Fußsohlen gegeneinander, Oberkörper leicht auf- abrollen, diagonal die gestreckten Arme li + re am Gesäß vorbeiführen

39

gegenübersitzen, abstützen, Fußspitzen zusammen, Beine seitlich ablegen und wieder heben

40

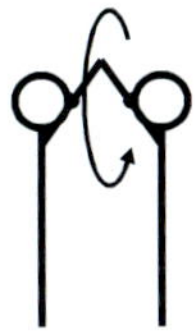

zueinanderstehen, Handflächen zueinander und große Kreise durchführen

Information

Video „Der Sitz des Reiters“

Aus dem Inhalt:

Das Reiten, sei es nun als Freizeit- oder Wettkampfsport, wird erst zur Freude, wenn sich Reiter und Pferd in Einklang befinden und zwischen ihnen eine harmonische Verständigung besteht. „Nur aus einem richtigen Sitz heraus kann der Reiter gefühlvoll und harmonisch auf sein Pferd einwirken.“ Dieser Grundsatz der klassischen Reitkunst wird in den neuen Richtlinien für Reiten und Fahren, Band 1, ausführlich erläutert.

In dem hier vorliegenden neuen Lehrfilm „Sitz des Reiters“ werden sowohl im dressurmäßigen Reiten als auch beim Springen und im Gelände die verschiedenen Kriterien des Sitzes sowie der Hilfengebung anschaulich herausgearbeitet. Der Film ist in sechs einzelne in sich abgeschlossenen Sequenzen mit den Themen Sitzarten, Sitzschulung, Sitzfehler, Hilfengebung, Gefühl und Einwirkung gegliedert. Dadurch ist es dem Betrachter und Ausbilder möglich, die für den momentanen Ausbildungssstand und als Lernhilfe wichtigen Themenabschnitte herauszugreifen und anzuschauen. Durch Detailaufnahmen und die Darstellung von Bewegungsfolgen wird noch deutlicher gezeigt, worauf es jeweils ankommt.

Gekonnte Kameraführung und unterschiedliche Perspektiven lenken das Auge des Betrachters immer wieder auf das Wesentliche. Verschiedene Reiter demonstrieren dabei auf hervorragende Weise, welch hohe Bedeutung einer vielseitigen Grundausbildung zukommt. Es wird gezeigt, welche Auswirkungen Sitzfehler haben können. Dieses Video eignet sich besonders zur Ergänzung des theoretischen Unterrichts und sollte zusammen mit den Richtlinien Band 1 „Grundausbildung für Reiter und Pferd“ zum Rüstzeug eines jeden Reiters gehören. Es ist sehr hilfreich bei der eigenen Analyse von möglichen Fehlerquellen.

KAPITEL 4

Kräftigen

Die Muskelkraft hat folgende Eigenschaften:

- Der Muskel kann gegen einen Widerstand arbeiten, ohne daß sich Ansatz und Ursprung des Muskels nähern (isometrische Arbeit).
- Der Muskel kann einen Widerstand überwinden, so daß sich der Muskel verkürzt (konzentrische Arbeit bzw. überwindende Arbeitsweise).
- Der Muskel kann einem Widerstand nachgebend entgegenwirken, so daß sich Ansatz und Ursprung des Muskels voneinander entfernen (nachgebende Arbeitsweise).
- Der Muskel kann in einem Zyklus zunächst Brems- und dann Beschleunigungsarbeit verrichten.

Im Pferdesport spielt die **Kraftausdauer** eine besondere Rolle. Sie bezeichnet die Fähigkeit des Muskels, über längere Zeiträume Widerstände zu überwinden. Die Gymnastik für die Verbesserung der Kraftausdauer orientiert sich an der spezifischen Arbeitsweise der Muskulatur.

Bei den Voltigierern hat zusätzlich zur Kraftausdauer die **Schnellkraft** starken Einfluß auf die Bewegungsausführungen. Da die Maximalkraft als grundsätzlicher Parameter einer jeden Muskelkraft zugrunde gelegt wird – bei ihr handelt es sich um die Fähigkeit des Muskels, maximale Widerstände zu überwinden – interessiert die Schnellkraft bei der Ausführung vorwiegend konzentrischer Muskeltätigkeit. Schnellkraft ist die Fähigkeit, einen möglichst großen Kraftstoß oder Impuls in kürzester Zeit zu überwinden (Springen, Stützen, Strecken).

Die Kraftausdauer wird durch Koordination und durch die aerobe Kapazität positiv beeinflußt. Man kann die Kraftausdauer dynamisch gestalten, d.h. einzelne Übungen 20-40x in Folge wiederholen und mehrere Serien durchführen, man kann aber auch über statische Belastungen, 20-40 sec halten, einen Kraftausdauereffekt erzielen. Bei der dynamischen Arbeit sind die Kontraktionsgeschwindigkeiten langsam und die Erholungspausen kurz (ca. 20 sec).

Einzel-Übungen

Merke: alle Übungen 15 Sekunden halten!

1

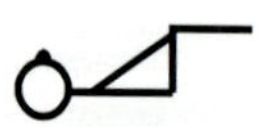

„Crunchhaltung", Kopf liegt am Boden, Hände gegen die Knie drücken

2

„Crunchhaltung", Hände vor der Brust fassen und auseinanderziehen

3

„Crunchhaltung“, Hände zusammendrücken

4

Rückenlage, Hüfte strecken. li/re Bein im Wechsel gestreckt halten

5

Unterarm-Seitstütz, Hüfte heben und halten

6

Unterarm-Liegestütz, Körper strecken und halten

7

Unterarm-Liegestütz, rücklings, Körper gestreckt halten

8

Bauchlage, Kopf vom Boden frei, Blick auf den Boden, Hände fassen und auseinanderziehen

9

Bauchlage, Kopf vom Boden frei, Blick auf den Boden, Hände fassen und gegeneinanderdrücken

10

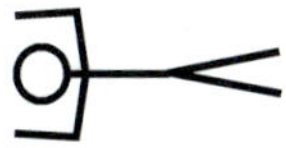

Bauchlage, Arme gebeugt, Handflächen in den Boden drücken

11

„Crunchhaltung“, Knie gegen den Druck der Hände nach außen drücken

12

„Crunchhaltung“, Hände von innen an die Knie legen und nach außen drükken

13

Grätschsitz, Beine vom Boden abheben und halten

14

Unterarm-Liegestütz in Bauchlage, ein Bein gestreckt abheben

15

Unterarm-Liegestütz in Rückenlage, ein Bein gestreckt abheben

16

Seitenunterarmliegestütz und jeweils re/li Bein gestreckt abheben

17

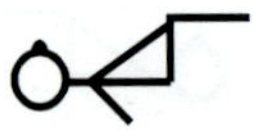

„Crunchhaltung“, linke Hand zum rechten Knie drücken und umgekehrt

18

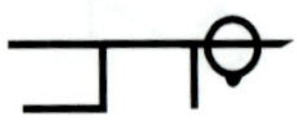

Bank, diagonales Strecken von Arm und Bein und halten

19

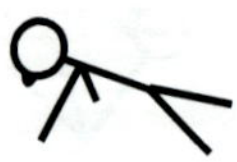

Bauchlage, Arme und Beine gegrätscht, Körper vom Boden abheben

20

dasselbe in Rückenlage

Partner-Übungen

21

Fahne gegeneinander, beide Partner stützen sich am Boden ab und drücken die gestreckten Arme mit den Händen gegeneinander

22

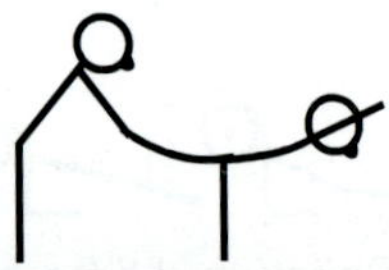

Standwaage mit Partner

23

Doppelkniebeuge, Partner stehen mit dem Rücken zueinander

24

heben und senken des gestreckten Oberkörpers aus der Rückenlage, Partner hält die Füße, nun minimal die Schulterblätter vom Boden abheben

25

ganz leichtes Heben und Senken des Oberkörpers in der Bauchlage, Partner hält die Füße, nur eben die Brust vom Boden abheben

26

ganz leichtes seitliches Heben und Senken des Oberkörpers (li + re), nur leicht den Oberkörper vom Boden abheben

27

ganz leichtes Aufrollen des Rückens aus der Rückenlage, Partner hält die Füße

28

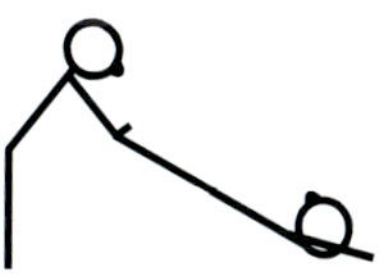

Partner aus der Rückenlage gestreckt anheben, Körper bleibt vollkommen gestreckt

29

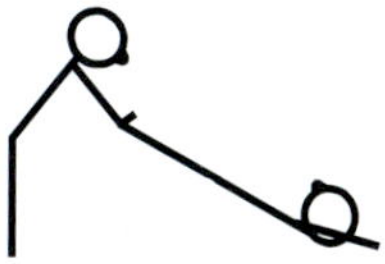

Partner aus der Bauchlage gestreckt anheben, Körper bleibt vollkommen gestreckt

30

abheben des Gesäßes aus der „Crunchhaltung“, Partner hält sich an den Füßen fest

31

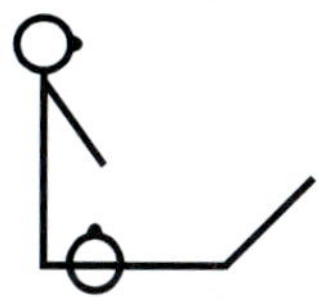

heben und senken der Beine in der Rückenlage, Partner hält sich an den Füßen fest, Rücken an den Boden drücken

32

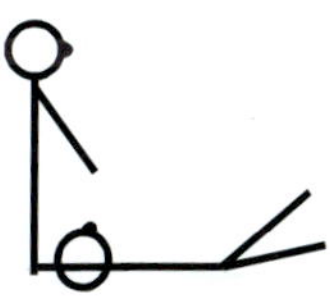

Rückenlage, li + re Bein im Wechsel heben und senken, Partner hält an den Armen fest

33

Grätschsitz gegenüber, gerader Rükken, gestreckte Beine, Beine des Partners auseinander und zusammendrükken

34

Bauchlage, beide Partner liegen hintereinander, Partner hält die Beine, gerader Rücken, der Partner öffnet und schließt die gestreckten Beine

35

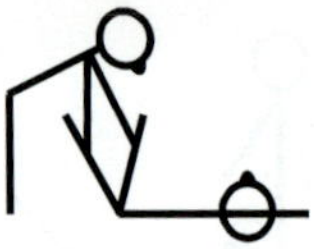

Partner in Rückenlage, gestreckte Beine auseinander- und zusammendrükken, Partner drückt dagegen, faßt unter dem Kniegelenk an

36

Partner in Seitlage, heben und senken des gestreckten Beines gegen den Widerstand des Partners

37

„Crunchhaltung", Partner versucht gegen den Druck des Partners die Knie zu öffnen und wieder zu schließen

38

Partner liegen voreinander und drükken Hände auseinander und zusammen

39

Partner stehen zueinander, gestreckte Beine gleichmäßig gegeneinander drücken

40

Partner stehen zueinander, angehockte Beine gleichmäßig gegeneinander drücken

KAPITEL

5

Beispiel eines Gymnastikprogramms

Dehnen, Mobilisieren und Kräftigen können als geschlossene Einheit in einer Gymnastikeinheit von ca. 30 Minuten gut untergebracht werden. Der Körper soll in all seinen Teilen unter besonderer Berücksichtigung der Wirbelsäule und der Haltungsmuskulatur durchgearbeitet werden. Keine der Übungen hat einen besonderen Vorzug, wie das Dehnen z.B. bei der vor- oder der nachbereitenden Gymnastik.

Eine so in sich geschlossene Einheit kann nicht vielseitig genug sein.

Jede Übung sollte in folgender Dosierung durchgeführt werden:

- **Dehnen** – bis 20 sec statische Belastung
- **Mobilisation** – 10 Wiederholungen pro Übung
- **Kräftigen** – 20 sec den Belastungsdruck halten

Bei den Mobilisationsübungen ist die Kontraktionsgeschwindigkeit gleichmäßig und langsam.

a **Dehnen** → b **Mobilisieren** → c **Kräftigen**

Bei einer in sich geschlossenen Gymnastikstunde ist es günstiger, das Dehnen, Mobilisieren und Kräftigen nacheinander an ein- und derselben Muskulatur zu vollziehen. Dadurch wird intensiver eingewirkt.

1a

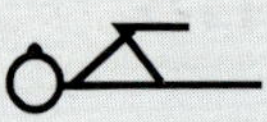

Rückenlage, ein Bein an den Körper ziehen

1b

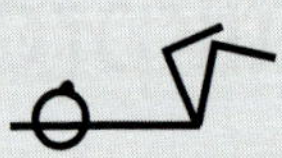

Rückenlage, Radfahren

1c

Rückenlage, Hüfte heben und halten, li + re Bein gestreckt halten

2a

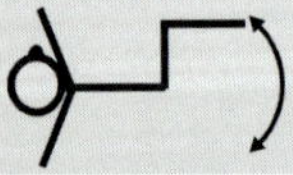

Rückenlage, Bein anhocken und nach li+re ablegen

2b

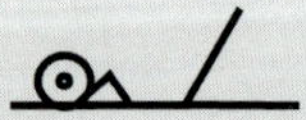

Seitlage, heben und senken des gestreckten Beines

2c

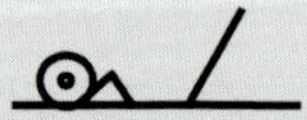

Seitlage, gestrecktes Bein halten

3a

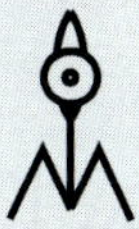

Sitz, Arme nach oben strecken

3b

Sitz, Arme im Wechsel heben und senken

3c

Sitz, Hände fassen und kräftig auseinanderziehen

4a

Ausfallschritt, li+re dehnen

4b

Kniestand, strecken und beugen des Oberkörpers

4c

Bank, heben der Knie und halten

5a

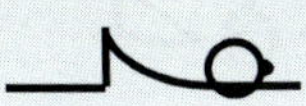

Rutschhalte, vorwärts-abwärts dehnen

5b

Rutschhalte, li+re Arm im Wechsel heben

5c

Knieliegestütz, aus dem Kniestand, Position halten

6a

Kniesitz

6b

Kniesitz, Hüfte heben und senken

6c

Hockstand, Oberschenkel re Winkel, Rücken gerade

7a

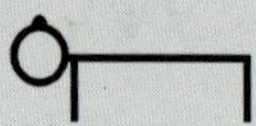

Bank rücklings, Hüfte strecken

7b

Stand, Armkreisen vor-, rück- und seitwärts

7c

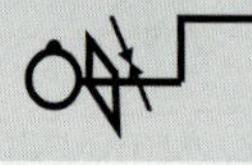

'Crunchhaltung', Handflächen zueinanderlegen und drücken

8a

Sitz, Oberkörper nach vorne beugen

8b

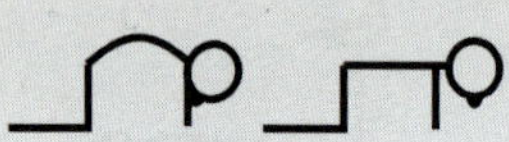

Bank, gerader und runder Rücken im Wechsel

8c

Bauchlage, Hände vom Boden abheben und Füße an den Boden drücken

9a

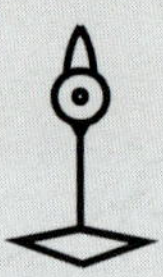

Sitz, Fußsohlen zusammen, Knie auseinander

9b

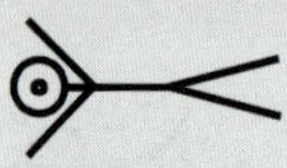

Rückenlage, Grätschen schließen, mit Absatz über den Boden schleifen

9c

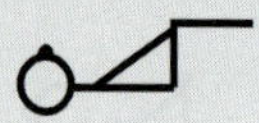

'Crunchhaltung', Hände von innen an die Knie legen und auseinanderdrücken

10a

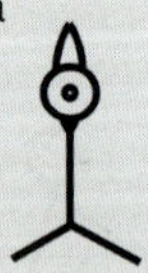

Grätschsitz, Arme über den Kopf strecken

10b

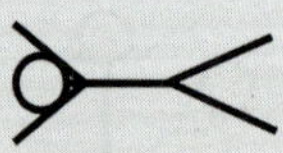

Bauchlage, Arme und Beine grätschen und schließen

10c

Bauchlage, Beine anheben, Hände in den Boden drücken

KAPITEL 6

Wirbelsäulen-gymnastik

Der korrekte aufrechte Sitz des Reiters ist Ausdruck einer gesunden Wirbelsäule. Doch unsere Wirbelsäule wird mehr und mehr zum Problem, und viele Menschen klagen über Beschwerden. Im alltäglichen Leben sind einseitige Ernährung, einseitige berufliche Belastung und mangelnde Bewegung oft Gründe von Verspannungen. Man muß diese Rückenschmerzen und die damit verbundenen Einschränkungen der Bewegungen nicht hinnehmen, man kann ihnen aktiv begegnen. Rückenprobleme sind eine Folge unserer Zivilisation. Unser Körper hat sich den Veränderungen nicht angepaßt.

Die Wirbelsäule

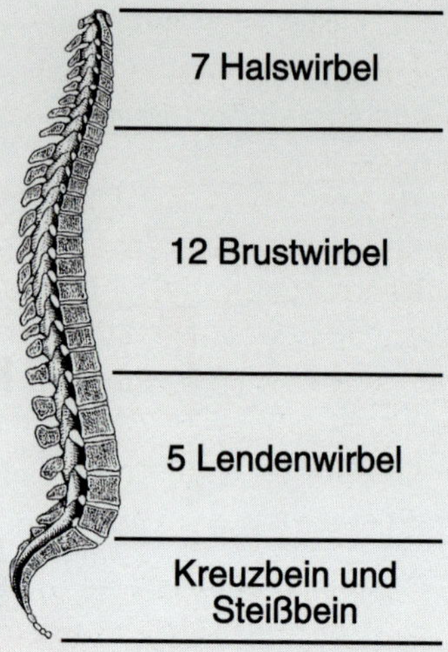

In einer Rückengymnastik kann gezielt die Muskulatur gekräftigt werden, die im Alltag weniger konsequent belastet wird. Körperhaltungen können durch die Muskulatur aktiv in einem positiven Sinne korrigiert werden. Bei der Durchführung einer Rückengymnastik spielt die Stellung der Wirbelsäule eine bedeutende Rolle. Je nach der Stellung der Beine zum Becken bzw. der Wirbelsäule verändert sich auch die Stellung der Wirbelsäule. Es macht einen Unterschied, ob eine Übung im Stehen oder im Sitzen durchgeführt wird. Die Hüftmuskulatur (Beuger) ist ein überwiegend tonisch reagierender Muskel, das heißt er neigt zur Verkürzung.

Der gerade Bauchmuskel neigt zur Abschwächung und zur Dehnung. Im Stehen führt das zur Abkippung des Beckens nach hinten, zur sogenannten Hohlkreuzhaltung. Im Sitzen ein völlig anderes Bild: Hier ist das Becken nach vorne gekippt, die Aufrichtung erfolgt nach vorne. Einmal erfolgt die aktive Aufrichtung durch die Bauch- und Gesäßmuskulatur, das andere Mal über die Anspannung der unteren Rückenmuskeln. Das ist kein Widerspruch, sondern eine Frage der Ausgangsposition. Im Sitzen sind Ursprung und Ansatz der Bauchmuskulatur einander angenähert. Gleichzeitig ist die Bauchmuskulatur in vielen Fällen zu schlaff. Daher muß die Bauchmuskulatur vorwiegend gekräftigt und nicht gedehnt werden, denn eine der Funktionen der Bauchmuskeln ist die Aufrichtung des Beckens.

Auf die Kräftigung der gesamten Bauchmuskulatur, der Gesäßmuskulatur sowie der Schultermuskeln ist zu achten. Schwerpunktmäßig gedehnt werden sollten die Hüftbeugemuskeln, die vordere Oberschenkelmuskulatur, die Adduktoren, die Brust- und Nakkenmuskeln.

Wer nur gelegentlich etwas an seiner Wirbelsäule spürt, sollte die nachfolgenden Grundübungen ständig durchführen, spezielle Programme nur nach Anweisung und unter Aufsicht praktizieren, bis alle Fehler korrigiert worden sind.

Die Elemente des Bewegungssegmentes und deren funktionelle Bedeutung (nach Schenk):

WIRBEL

knöcherne Grundlage

WIRBELGELENKE

Führung der Bewegungen

BANDSCHEIBEN

druck-, zug-, biegungs- und torsionselastische Verbindungen der Wirbelkörper

BANDAPPARAT

Passiver Halteapparat, Begrenzung des Bewegungsumfanges

MUSKULATUR

Aktiver Halteapparat, Bewegungen

INNERVATION

Kontrolle und Steuerung der Wirbelsäulenhaltung und -bewegungen.

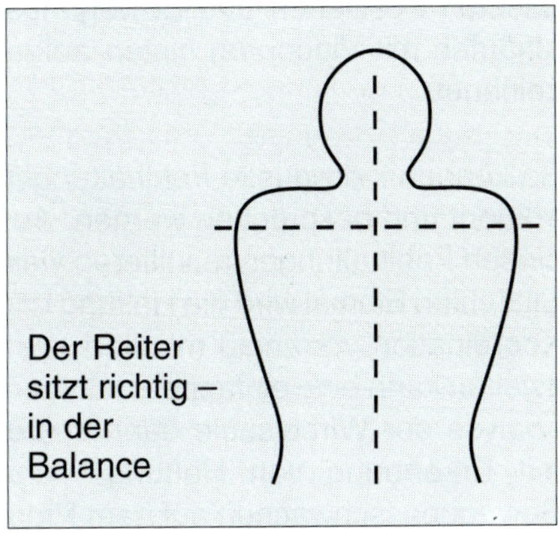

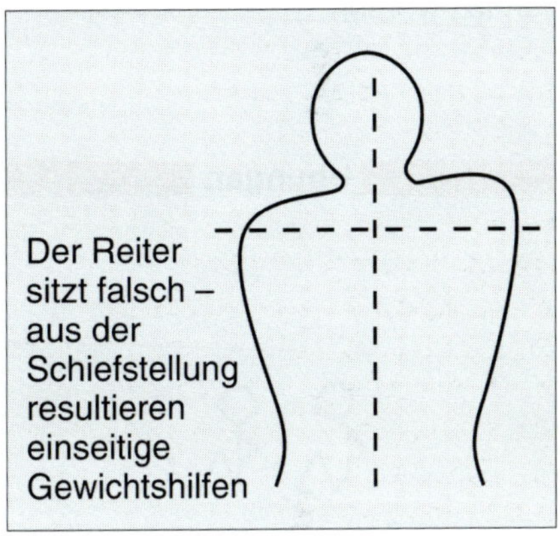

„Video-creening“ der Wirbelsäule

Schon seit vielen Jahren ist diese Methode in der Leistungsdiagnostik bekannt; besonders Prof. Dr. Fleiss, Graz, hat auf diesem Wege gute Erfolge zu verzeichnen. Die Wirbelsäule wird an bestimmten Punkten mit Reflektoren markiert (früher machten Orthopäden dies mit Kreisen, die mittels eines Kugelschreibers auf die Haut gemalt wurden) und in den verschiedensten Positionen und Bewegungsabläufen mit Video von hinten aufgezeichnet.

So können individuelle Fehlhaltungen erkannt und besprochen werden. Aus diesen Fehlhaltungen resultieren viele Sitzfehler. Einmal wird die Haltung und Koordination vorrangig markiert, zum zweiten kann eine einfache Funktionsanalyse der Wirbelsäule dann später mit Erkennung von Haltungs- und Bewegungsschwächen auf dem Pferd genutzt werden.

Übungen

1

bequemer Sitz, beide Hände aufstützen, Becken langsam auf und abrollen

2

Sitz, Oberkörper nach vorne und nach hinten, nach links und rechts verlegen und dann immer wieder geradehinsetzen, um das Gefühl des gerade Sitzens zu erfahren

3

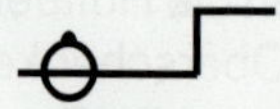

„Crunchhaltung“, Hüfte spannen und loslassen im Wechsel, ohne die Crunchhaltung zu verlassen

4

Fersensitz, auf- und abrollen der Wirbelsäule, in der Kauerstellung entspannen

5

„Crunchhaltung“, Beine wechselseitig vor- und zurückführen

6

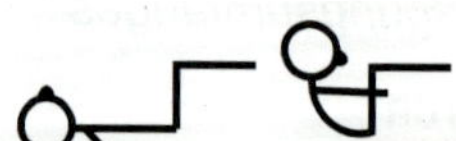

„Crunchhaltung“, Hals und Rückenmuskulatur aufrollen und Hände, bei gestreckten Armen am Gesäß vorbeiführen

7

in der Rückenlage die Beine leicht anwinkeln, Zehen anziehen, Absatz in den Boden drücken, Oberkörper leicht anheben und halten

8

„Crunch“, mit beiden Händen gegen Knie drücken

9

„Crunch“, diagonal von außen mit beiden Händen gegen die Knie drücken

10

Rückenlage, jeweils ein Bein gestreckt auf- und abführen

11

Rückenlage, Hüfte heben, einseitig radfahren

12

Rückenlage, Radfahren

13

„Crunch“, ein Bein überlegen, diagonal Ellenbogen zum Knie führen

14

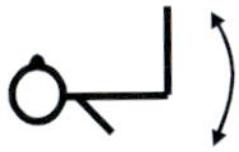

Rückenlage, gestreckte Beine li/re ablegen

15

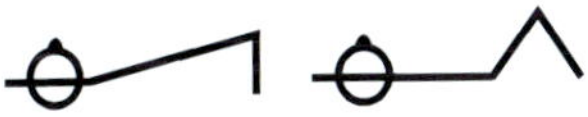

Rückenlage, heben und senken der Hüfte

16

diagonaler „Crunch“, beide Hände links und rechts am äußeren Knie vorbeiführen

17

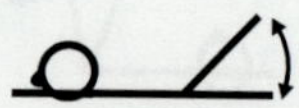

Bauchlage, linkes u. rechtes Bein langsam im Wechsel heben und senken

18

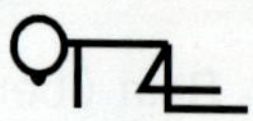

Bank, linkes u. rechtes Bein im Wechsel anbeugen und strecken

19

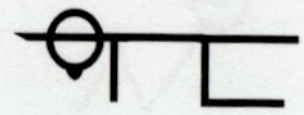

Bank, diagonal Bein und Arm stark durchstrecken und halten

20

Rückenlage, auf den Unterarmen abgestützt vor- u. zurückrollen der Hüfte

KAPITEL

7

Aktive Hüftgelenksübungen

Eine zentrale Bedeutung für alle Bewegungen hat die Mittelpositur. Beckenstellung und Beckenbeweglichkeit sind wesentliche Bausteine eines guten Sitzes. Zum guten Sitzen – u.a. Schwingen der Mittelpositur – gehören ein bewegliches Hüftgelenk und eine mobile Lendenwirbelsäule. Jede Beckenbewegung bedingt zwangsläufig eine Bewegung in den Gelenken.

Für die Balance ist der Beckenstand wichtig, damit das Gewicht sich gleichmäßig auf beide Sitzhälften verteilt. Wichtig für die Beckenbreite ist eine gute Paßform des Sattels, damit das Gewicht sich gut auf die Beckenkufen verteilen kann. Auch die Breite des Pferderückens ist eine bedeutenswerte Grundlage des individuellen Sitzes.

Die meisten Muskeln des Beckengürtels gehören zu den Hüftmuskeln. Sie nehmen auch Einfluß auf das tiefe Knie. Die sogenannten Klemmer heben die Mittelpositur aus der notwendigen tiefen Sitzposition heraus. Der Ansatz befindet sich am Schambein. Wichtig neben vielen anderen Muskelgruppen sind die Bauchmuskeln. Sie setzen tief am Schambein und an der Innenseite der Beckenschaufeln an. Sie ziehen zum Brustkorb an die Rippen. Die Hüfte muß sowohl kräftig als auch losgelassen sein. Es ist ein Unterschied, ob in der Hüfte kontrolliert in der Bewegung des Pferdes mitgeschwungen wird oder ob die Hüfte lose wackelt.

Sitzen auf den Sitzbeinknochen

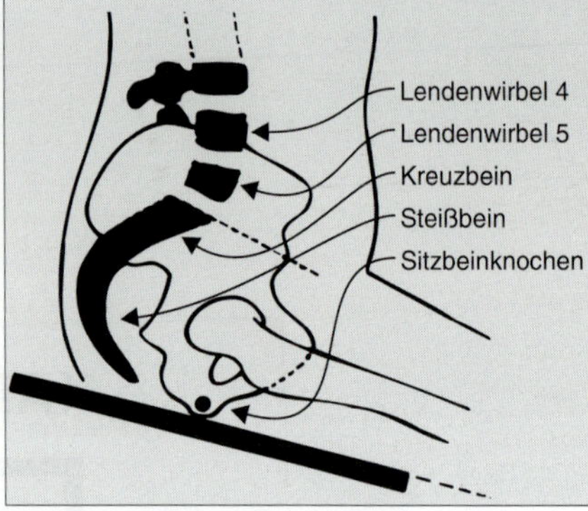

Die Hüftgelenke haben einen starken Einfluß auf das Sitzen. Im Sitzen ist gegenüber dem Stehen die Rumpfstabilität verbessert, da der Körperschwerpunkt der Sitzunterstützungsfläche näher ist. Die Hüftgelenke und die Beine werden gleichermaßen entlastet. Das Rumpfgewicht wird auf die Sitzbeinhöcker übertragen.

Nachteilig für das Sitzen wirken sich aus:

- Erschlaffung und Verkürzung der Bauchmuskulatur
- „eingeklemmter“ Magen
- „eingeklemmter“ Brustkorb (Rundrücken)

Merke: Man muß sich viel bewegen und statische Dauerbelastungen in den Hüftgelenken vermeiden.

Üben der physiologisch „richtigen“ Sitzhaltung:

- man setzt sich auf das vordere Drittel der Sitzfläche und
- öffnet hüftbreit die Beine. Beide Fußsohlen haben Kontakt zum Boden, Fußspitzen und Knie zeigen leicht nach außen.
- Ober- und Unterschenkel bilden einen rechten Winkel zueinander.
- Das Becken rollt langsam nach vorne. Dadurch richtet sich der Oberkörper auf.
- Der Blick ist nach vorne gerichtet, Schulter und Arme hängen locker herab.
- Im Lot sitzend spürt man die beiden Sitzbeinknochen.
- Aus dieser aufrechten, gestreckten Sitzhaltung balanciert sich das Becken in kleinen Bewegungen auf den Sitzbeinknochen aus.

Übungen

1

Rückenlage: gestrecktes Bein heben und senken, Gesäß anspannen, Rücken an den Boden drücken

2

Rückenlage: Bein um 60° anbeugen, Gegenbein strecken, mit der Hand stark gegen den Oberschenkel drücken

3

Aus der Rückenlage Hüfte heben und halten, dabei die Füße in den Boden drücken

4

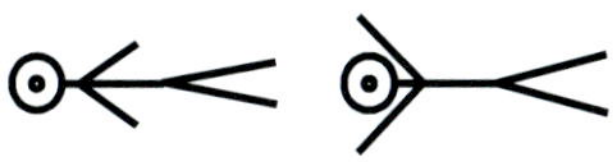

Rückenlage: ohne abzuheben die Beine auseinanderführen und wieder zusammenführen

5

Bauchlage: gestrecktes Bein hochführen und halten

6

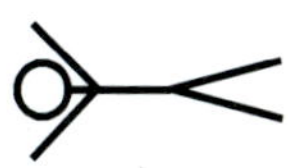

Bauchlage: gestreckte Beine auseinander und zusammenführen

7

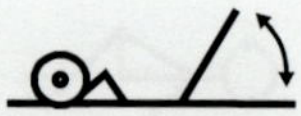

Seitlage: gestrecktes Bein langsam auf- und abführen, Hüfte strecken

8

Bank: ein Bein langsam heben und senken, Rücken gerade

9

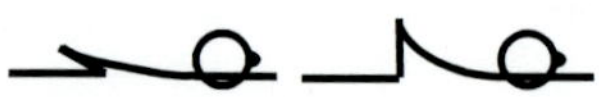

Rutschhalte: heben und senken der Hüfte

10

Sitz - Kniestand: im Wechsel langsam Hüfte heben und senken

11

Kniestand: langsam vorwärts abrollen und wieder aufrollen

12

Kniestand: strecken des Oberkörpers und wieder beugen

13

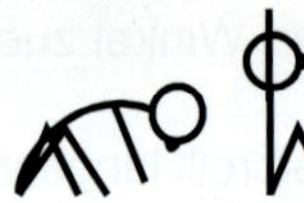

Sitz: Beine angebeugt, Oberkörper nach vorne dehnen und strecken im Wechsel

14

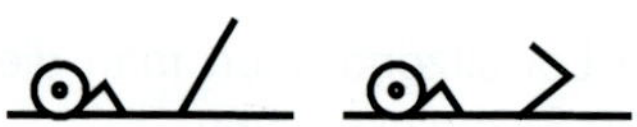

Seitlage: Bein abheben und Unterschenkel beugen und strecken

15

Rückenlage: Hüfte heben, ein Bein halten

16

Rückenlage: Hüfte heben, ein Bein langsam heben und senken

17

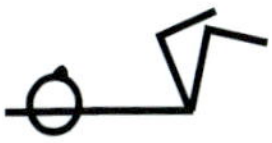

Rückenlage: langsames Radfahren

18

Rückenlage („Crunch“): diagonal flüssig Ellbogen re + li zum Knie führen

19

Unterarmseitstand (einarmig): heben der Hüfte und halten

20

Bauchlage, Unterarmstand: heben und senken des gestreckten Beines

21

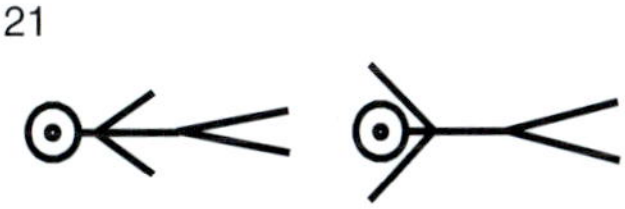

Rückenlage: gestreckte Beine langsam öffnen und schließen

22

Rückenlage: langsames heben der Hüfte, einbeinig radfahren

23

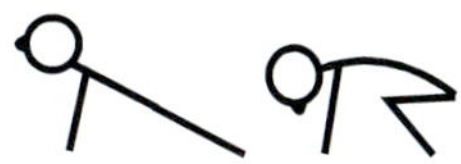

Liegestütz: anhocken und strecken im Wechsel

24

Stand: „Skilanglauf“, diagonal strekken und beugen

25

Locker auslaufen/Traben ca. 3-5 min

Information

Richtlinien für Reiten und Fahren, Band 1: „Grundausbildung für Reiter und Pferd“

Die Richtlinien für Reiten und Fahren, Band 1, sind das Standardwerk der Grundausbildung von Reiter und Pferd. Vor über 40 Jahren erschienen die „Richtlinien für Reiten und Fahren“, in denen das traditionelle Wissen über die klassische Reitkunst enthalten ist, zum ersten Mal. Diese grundlegenden Erkenntnisse über die Ausbildung von Pferd und Reiter haben sich seit ihrer ersten umfassenden Niederschrift in der Heeresdienstvorschrift (1906) nicht geändert. Wenn heute eine völlig neubearbeitete Richtlinie vorliegt, dann trägt sie dem gesellschaftlichen Wandel der letzten Jahrzehnte Rechnung.

Der Aufschwung des modernen Reitsports wird von neuen Alters- und Interessengruppen getragen. Die persönliche Motivation und Zielsetzung jedes Einzelnen, der die Begegnung mit dem Pferd sucht, ist vielfältig. Kenntnisse über Art, Verhaltensweisen, Haltung und Pflege von Pferden sind heutzutage nicht mehr selbstverständlich vorausgesetztes Allgemeinwissen, sondern müssen zu einem thematischen Schwerpunkt in der Reitausbildung werden. Alle daran Beteiligten, die Reitschüler selbst und ihre Reitlehrer, die Reitervereine und -schulen haben den neuen Ansprüchen an die Vermittlung des nötigen Wissens Rechnung zu tragen.

Grundlage jeder persönlichen Zielsetzung für die Ausübung des Reitsports muß eine tragfähige theoretische und praktische Grundausbildung sein. Es ist eine selbstverständliche Forderung, daß jeder Reiter die Bereitschaft mitbringt, nicht nur die sporttechnischen Anforderungen des Reitens zu erlernen, sondern sich vor allem gründliche Kenntnisse über seinen Sport- und Freizeitkamerad Pferd anzueignen.

KAPITEL 8

Konditionsgymnastik

Konditionsgymnastik ist neben der funktionellen Komponente ein weiterer Schwerpunkt. Dabei sind

- Übungen,
- Programme,
- Wiederholungen, sowie
- Intensität und Umfang

sinnvoll aufeinander einzustellen. Die Programme werden als Übungen angeboten, die den ganzen Körper umfassen und werden so differenziert zusammengestellt, daß sie in den verschiedensten Leistungsklassen umgesetzt werden können. Sie können ohne Gerät und mit Gerät durchgeführt werden. Für Pferdesportler gilt es, die Kraftausdauer zu trainieren. Es ist günstig, die Konditionsgymnastik als ein in sich geschlossenes Programm anzusehen. Vor und nach einer Saison kann die Konditons-Gymnastik auch als Testgrundlage gewertet werden. So können Wiederholungen, Anzahl der Übungen aber auch Pulswerte als Bemessungsgrundlagen zugrunde gelegt werden.

Kondition

Unter Kondition wird die Leistungsfähigkeit des Menschen verstanden, die im besonderen Maße durch Aufbau und Funktion der Organe bestimmt ist.

Die Zeit der Belastung beträgt 20 sec, die Belastungshöhe ist mittel bis hoch, die Wiederholungszahl je Übung ist entsprechend der individuellen Möglichkeiten im zeitlich vorgegebenen Rahmen unterschiedlich. Die einzelnen Durchgänge werden 1-4 mal pro Trainingseinheit wiederholt.

Die folgenden Konditionsprogramme zielen darauf ab, **möglichst alle Muskeln annähernd gleichmäßig ausdauernd zu belasten**. Gerade bei Pferdesportlern sind gute Trainingswirkungen mit dieser Art der Belastung zu erzielen. Das Kraftausdauer-Programm ist ein allgemeines Fitness-Programm und als Grundlage für die reitsportliche Aktivität gedacht.

Programm 1

20 sec üben – 20 sec Pause

1a

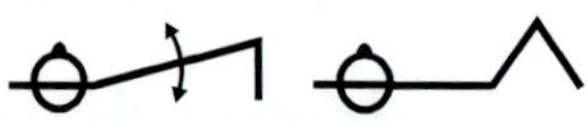

heben und senken der Hüfte ohne Bodenkontakt mit dem Gesäß

1b

Stützen mit gebeugten Knien, beugen und strecken der Knie ohne Bodenkontakt mit den Knien

1c

Sitz, gerader Rücken, Hände abgestützt, anziehen u. strecken der Beine

1d

Bauchlage, diagonales Heben und Beugen von Arm und Bein

1e

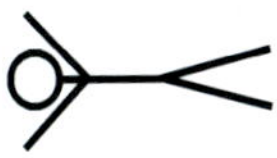

Bauchlage, „Hampelmann-Übung“, dabei Hände und Füße ohne Bodenkontakt

1f

Hocke - Strecksprung im Wechsel, kein Hohlkreuz

Programm 2

30 sec üben – 20 sec Pause

2a

Sitz, Beine auf die Bank legen und heben und senken der Hüfte

2b

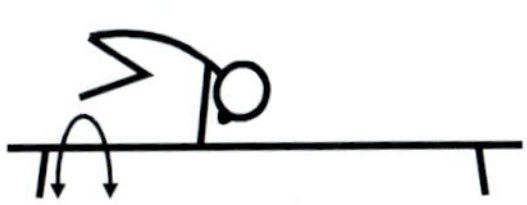

Stützen und mit einem Zwischenfedern hin- und herhocken

2c

Hocken, seitlich in den Streckstand, wieder anhocken, nach links und rechts

2d

Liegestütz, Füße auf der Bank

2e

in Bauchlage über die Bänke sich hin und zurückziehen

2f

„Crunchhaltung“, Unterschenkel auflegen und Oberkörper aufrollen und abrollen

Programm 3

40 sec üben – 20 sec Pause

3a

im Stehen Medizinball hochwerfen, im Sitzen auffangen (im Wechsel)

3b

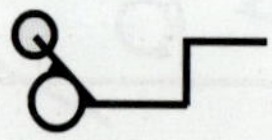

„Crunchhaltung“, Beine angehockt, gestreckte Arme, Medizinball über den Kopf zum Boden führen und zurück

3c

Rückenlage, Medizinball zwischen den Füßen einklemmen und nach li + re ablegen („Scheibenwischer-Übung“)

3d

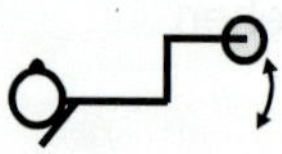

„Crunchhaltung“, Unterschenkel mit Medizinball heben und senken

3e

Kniestand, Medizinball in Nackenhalte, abrollen und strecken

3f

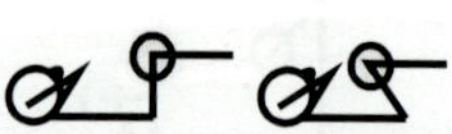

„Crunchhaltung“, Medizinball zwischen die Knie klemmen, Knie anziehen und zurückführen

Programm 4

30 sec üben – 20 sec Pause
(auch in der Reithalle möglich)

4a

leichte Hindernisstange vor dem Körper auf Schulterhöhe gehalten, Kniebeugen (max. 45°)

4b

Hindernisstange aus der Schulterhöhe hochstoßen

4c

leichte Hindernisstange im Nacken und seitbeugen nach links und rechts

4d

leichte Hindernisstange im Kammgriff, Handrücken zur Erde, beugen und strecken der Unterarme

4e

Hindernisstange gegen Bande stellen, vor der Brust das Stangenende in beide Hände nehmen und Kniebeugen

4f

leichte Hindernisstange in Hochhalte und Rumpfdrehen nach links u. rechts

Programm 5

40 sec üben – 20 sec Pause

5a

Partner im Kniestand (zueinander), mit den Händen leicht wegdrücken und wieder zurückkommen

5b

Sitzen, Beine gestreckt Heben und Umeinanderkreisen li + re im Wechsel

5c

Partner im Hocksitz gegenüber, Füße gegenseitig hinter den Oberschenkel drücken, Zurücklegen und Vorbeugen im Wechsel

5d

Partner in Bauchlage gegenüber, Arme strecken und umeinanderkreisen li + re im Wechsel

5e

Rückenlage, gestreckte Arme, Hände fassen, seitliches Ablegen der Beine (im Wechsel gegeneinander)

5f

hintereinander stehen, Arme gestreckt in Seithalte, hoch- und runterdrücken der gestreckten Arme

5g

flüchtiger Handstand mit Stand im Wechsel

5h

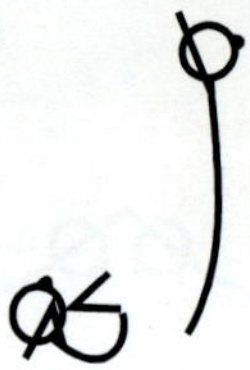

Rolle vorwärts - Strecksprung

5i

Krebsgang rückwärts über 6 m

5j

Heben und Senken des Oberkörpers, Beine in den Boden drücken, kein Hohlkreuz

5k

Sitzen, Beine gestreckt übereinandergeschlagen und weit öffnen, Rücken gerade

KAPITEL 9

Allgemeines Ausdauertraining

Wer nicht nur laufen will, kann auch Schwimmen, Radfahren, Skilanglaufen, Wandern oder Gymnastik mit Musik betreiben. Diese Sportarten gelten allgemein als „rückenfreundlich“, das heißt, die Wirbelsäule wird geschont, die Muskulatur gestärkt.

Als **Anhalt für Beginner** dienen folgende Zeitumfänge bei 2-5 maliger wöchentlicher Durchführung:

- Laufen
  1,6 km in weniger als 8 Minuten
- Schwimmen
  500 m in weniger als 12 Minuten
- Radfahren
  10 km in weniger als 30 Minuten
- Skilanglaufen
  10 km in weniger als 30 Minuten
- Wandern
  4,5 km in weniger als 60 Minuten
- Gymnastik mit Musik
  15 Minuten ohne Pause bei einer Pulsfrequenz von 180 minus Lebensalter pro Minute

Für jede erbrachte Leistung kann man einen Punkt ansetzen. Bei drei bis fünf Punkten **pro Woche über längere Zeiträume** liegt man im Trend und im Rahmen eines allgemeinen Trainingseffektes.

Wem andere Sportarten mehr Spaß machen, der kann natürlich auch diese ausüben, denn es ist wichtig, überhaupt (Ausgleichs-) Sport zu treiben.

Man sollte in jedem Fall darauf achten, sich vorher aufzuwärmen, Dehnübungen zu machen und sich hinterher genügend abzuwärmen, zu lokkern und zu entspannen.

Das **Angebot für Pferdesportler**, die, auf der Grundlagenausdauer aufbauend, sich etwas höher belasten wollen – oder müssen, wie z.B. Vielseitigkeitsreiter:

- Laufen
  10x 200 m Laufen, 200 m Gehen
  - oder -
  15x 1 min Laufen, 1 min Gehen
  - oder -
  10x 2 min Laufen, 2 min Gehen
- Schwimmen
  10-20x 50 m Schwimmen (schnell), 50 m Baden (langsam)
- Radfahren
  10-20x 2 min schnell fahren, 2 min langsam fahren
- Skilanglauf
  10-20x 1 km schnelles Laufen, 1 km langsames Laufen
- Wandern
  10-20x 2 min zügig, 2 min langsam
- Gymnastik mit Musik
  10-20x 1 min belasten, 1 min gehen

Damit das Ausdauertraining einen gesunden Ansatz behält, sind stets in den Stufenprogrammen „aktive Pausen“ mit einzuplanen, u.a. Gehpausen.

Hinweise zur Lauftechnik

Eigentlich könnte man dieses Thema übergehen, denn Gehen und Laufen ist eine dem Menschen angeborene Bewegungsform. Es werden beim Joggen auch keine besonderen Techniken gefordert, wie sie zur Beherrschung eines Sportgerätes – Ski, Surfbrett, Fußball, Tennisschläger,... – notwendig sind.

Kinder laufen, wenn sie nicht übergewichtig sind und sich viel in der frischen Luft bewegen, immer richtig. Erwachsene haben oft das Gefühl für Rhythmus und Bewegungsablauf verlernt. Deshalb hier einige Ratschläge, die für diejenigen, die mit dem Lauftraining beginnen möchten, nützlich sein können:

Körperhaltung

Der Oberkörper ist aufrecht. Man darf weder nach vorne abknicken, noch darf sich ein Hohlkreuz bilden. Wenn wir eine senkrechte Linie ziehen, muß sich der Oberkörper genau über den Füßen befinden. Denn: ***Wir laufen*** *nicht mit den Füßen, sondern* ***auf den Füßen!***

Kopfhaltung

Der Kopf ist gerade. Das bedeutet, daß er weder zur Brust abgeknickt noch in den Nacken geworfen werden soll. Die richtige Kopfhaltung beeinflußt nämlich auch die Haltung des Oberkörpers.

Schrittlänge

Versuchen Sie nicht, Ihre Schrittlänge zu vergrößern, sondern so zu laufen, wie es am kraftsparendsten erscheint. Es muß versucht werden, alle nicht gerade „arbeitenden“ Muskeln zu entspannen.

Aufsetzen des Fusses

Der Fuß wird mit der Außenkante der Ferse aufgesetzt und nach vorne abgerollt. Wichtig ist, daß man den Fuß parallel zur Laufrichtung aufsetzt: also weder mit den Zehen nach außen, noch nach innen.

Armbewegung

Die Bewegung der Arme beeinflußt die Arbeit der Beine. Die Arme schwingen locker und zügig mit und sind auf keinen Fall zu stark angewinkelt. Die Arme kreuzen sich in ihrer Bewegung auch nicht vor der Brust. Wenn sich die Arme zu wenig bewegen, müssen sich die Schultern bewegen, und dieses kann zu Balancefehlern in der Körperhaltung durch eine zu starke Verwringung der Wirbelsäule führen. Also die Armbewegung anfangs eher überbetonen als vernachlässigen!

Atmung

Die Atmung paßt sich dem Schrittrhythmus an. Welche Methode – z.B. 3 Schritte einatmen und 3 Schritte ausatmen – zu bevorzugen ist, hängt von individuell unterschiedlichen Faktoren ab. Probieren Sie verschiedene Methoden aus.

Leistungstest

Einen Test sollte jeder selber durchführen können. Am Ende und besonders zu Beginn einer Saison eignet sich der Test nach Cooper. Hierbei handelt es sich um einen 12 minütigen Testlauf mit abschließendem Belastungspuls. Viele millionen Menschen haben diesen Test absolviert, so daß die Ergebnisse ziemlich aussagekräftig sind.

Ein solcher Lauf kann überall absolviert werden, auch in der Sport- oder Reithalle mit ausgemessenem Rundkurs.

Wertungstabelle 12-Minuten-Lauf	
sehr gut	mehr als 3.000 m
gut	bis 3.000 m
mittel	bis 2.400 m
schwach	weniger als 2.000 m

$$\frac{\text{Puls}}{\text{min}} = 180 - \text{Lebensalter}$$

Wer über die bei diesem Test erzielten Laufleistungen Buch führen möchte, um Vergleichswerte seines jeweiligen Leistungsstandes zu dokumentieren, findet hierfür eine hilfreiche Tabelle auf Seite 126.

Hier noch einige zusätzliche Hinweise zum Ausdauertraining mittels Laufen:

- Dosierung aufgrund subjektiv empfundener Anstrengung
- Dosierung gemäß des Ergebnisses vom Cooper-Test
- regelmäßige Dosierung 3-5x wöchentlich über längere Zeiträume
- bewerten der Laufleistung und der Pulsbelastung frühestens nach 4-6 Wochen
- die Sehnen, Gelenke und Bänder passen sich langsamer an als das Herz-Kreislauf-System und die Muskulatur
- locker laufen, nicht verspannen
- einen guten Laufboden suchen, nicht auf Asphalt oder Beton laufen
- gute Laufschuhe benutzen
- atmungsaktive Kleidung tragen
- mit Partner oder in Gruppen laufen
- genügend trinken!

KAPITEL

10

Voltigieren

Nach dem Ende einer Saison gilt es, eine Erfolgsanalyse zu erstellen. Diese führt ganz gezielt zu der Frage, was während der Winterpause zu machen ist; denn Fehler müssen erkannt und behoben sowie neue Bewegungsformen in Angriff genommen werden. Zu dem 1-2 maligen Voltigieren pro Woche kommt nun die Arbeit in der Sporthalle.

Turnübungen in der Sporthalle gestatten einen zeitgerechten, ökonomischen Kraftansatz, Spannung und Lösung wird entwickelt und eine individuelle Bewegungsförderung ist durch die vielen Übungsmöglichkeiten an den Geräten möglich. Mit Voltigiergruppen, in denen das Alter und die Leistung unterschiedlich sind, kann im Sinne unterschiedlichster Turnübungen eine individuelle Leistung erzielt werden.

Für die allgemeine Bewegungsschulung muß dem Turnen eine zentrale Stellung im Rahmen der allgemeinen Grundausbildung zukommen. Das Hallentraining ist der allgemeinen sportlichen Entwicklung gewidmet, also unspezifisch. Folglich kann es auch kein spezielles Grundlagentraining für das Voltigieren geben.

Schon bei den Kleinsten kann mit spielerischen Übungsformen die Bewegungsfreude zusätzlich genutzt werden. Kleine Koordinationsaufgaben an Geräten sind Anteile an der Hallenarbeit.

Voltigierer können viele sportmotorische Fähigkeiten nur dann erlernen, wenn sie die dafür notwendigen Voraussetzungen besitzen.

Im methodischen Vorgehen gibt es prinzipiell zwei Möglichkeiten. Man kann die fehlenden konditionellen Voraussetzungen in gesonderten Trainingseinheiten in der Sporthalle ausbilden, oder, falls notwendige konditionelle Eigenschaften biologisch noch nicht entwickelt sind, auf die Vermittlung solcher Fertigkeiten verzichten.

Voltigierer können bereits erlernte Fähigkeiten dann nicht mehr realisieren, wenn die dafür notwendigen konditionellen Grundlagen momentan nicht (mehr) verfügbar sind.

Eine solche Situation tritt nach den Ferien, nach Krankheit oder nach Verletzungen auf. Hinter dem „scheinbaren Verlernen“ verbirgt sich dann der Konditionsmangel oder der Konditionsverlust.

Vermieden werden sollten Übungsformen mit großen äußeren Belastungen wie z.B. Niedersprünge aus großen Höhen oder Partnerübungen, bei denen das Gewicht des einen Kindes als Belastung für das andere Kind zu groß ist.

Alle umfangreicheren Druck- und Zugbelastungen auf den Halteapparat sollten von kurzer Dauer sein und viele Wechsel aufzeigen.

In der Hallenarbeit werden neue Bewegungen erlernt, vorhandene Bewegungen geübt und trainiert.

LERNEN

Lernen ist eine Bezeichnung für lebenslange, überdauernde Verhaltensänderung, man lernt sozusagen vom ersten Tag seines Lebens an und hört niemals damit auf.

Das Bewegungsvermögen eines Menschen reicht von Grundbewegungen bis hin zu komplizierten Bewegungsabläufen im Alltag, im Beruf und besonders im Bereich des Sportes.

Lernen wird unter anderem beeinflußt von Reifeprozessen, Interesse, Aufnahmefähigkeit, Einfühlungsvermögen und Freude, aber auch von Alterserscheinungen, Ermüdungserscheinungen, Überforderung und Angst. An allen Lernvorgängen sind stets zwei zentrale Bereiche des Menschen beteiligt:

- die **Sensorik** als die Wahrnehmungsfähigkeit und
- die **Motorik** als Gesamtbestand menschlichen Bewegungsvermögens.

Über die Sensoren Auge, Ohr, Haut und Muskulatur werden Informationen angenommen und in Bewegung umgesetzt. Aus diesem Grund wird beim Erlernen sportlicher Fertigkeiten vom **sensomotorischen Lernen** gesprochen.

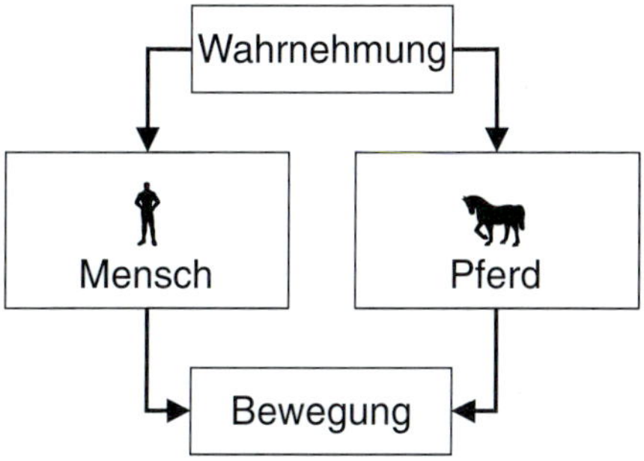

Bestimmte Lernvoraussetzungen, die in jeder Ausbildungsstunde (Reitstunde oder Ausgleichssport) geschaffen werden müssen, sind

- Auswahl eines begreifbaren und erreichbaren Ausbildungsziels.
- Abklärung von Begriffen wie z.B. „Hopserlauf“, „Stretchen“, „Flanke“ oder „Hocke“.
- Abbau möglicher Lernbarrieren (z.B. Angst, Unsicherheit, mangelnde Ansprache, falscher oder überfordernder Stoff, unzureichende Erklärungen).

Das Lernen selber (= Lernprozeß) wird über den Ausbilder vermittelt und über die Sensoren durch den Schüler verarbeitet. So entsteht ein Bewegungsentwurf, der nun zur eigenen Aktivität befähigt.

Anders als beim Menschen, der für diesen Bewegungsentwurf mittels seines Verstandes abstrahieren und kombinieren kann, entsteht beim Pferd kein Bewegungsentwurf. Bei Pferden spricht man daher auch nicht von Lernen, sondern nach Pawlow vom „klassischen Konditionieren". Bekommt das Pferd immer dieselben deutlichen Hilfen für ein bestimmtes Verhalten, führt es bei korrektem Einwirken dieser Impulse die geforderte Bewegung aus.

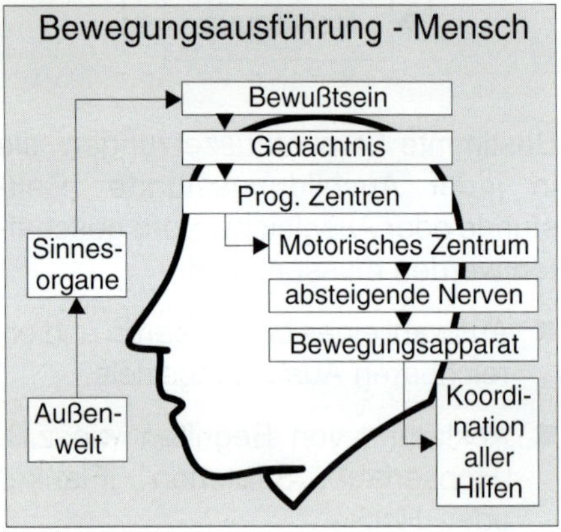

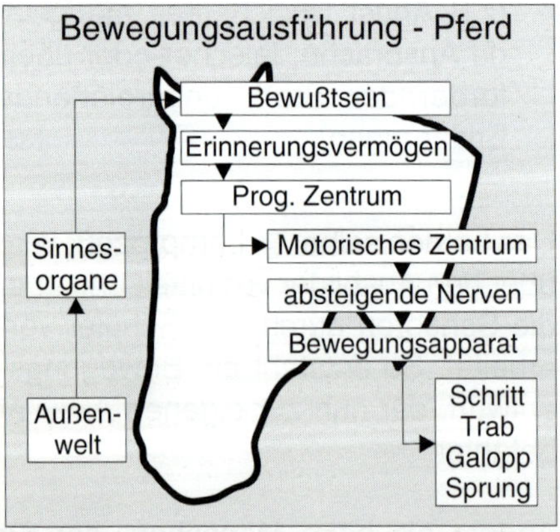

Bei Menschen und Pferden erfolgt nach einer ausgeführten Bewegung eine Rückmeldung (= Feedback) entsprechend der Ausführungsqualität der geforderten Bewegung. Dadurch wird beiden gleichzeitig eine neue Information vermittelt, die Einfluß auf die folgende Bewegungsausführung ausübt (Qualitätsveränderung). Da dieses „Feedback" wiederum beim Menschen eine Beurteilung der Bewegung notwendig macht, das Pferd jedoch instinktiv reagiert, kann man bei Pferden nicht vom Lernen sprechen. Bei lernenden Menschen wird die Rückmeldung vom Ausbilder gegeben. Er bestätigt die Ausführung der Bewegung, verstärkt sie, schwächt sie ab, verändert sie durch Korrekturen oder durch eine neue, ergänzende oder vertiefende Aufgabe.

Bei einem Ausbildungsstand, der die Rückmeldung des Ausbilders notwendig macht, spricht man vom „**äußeren Regelkreis**".

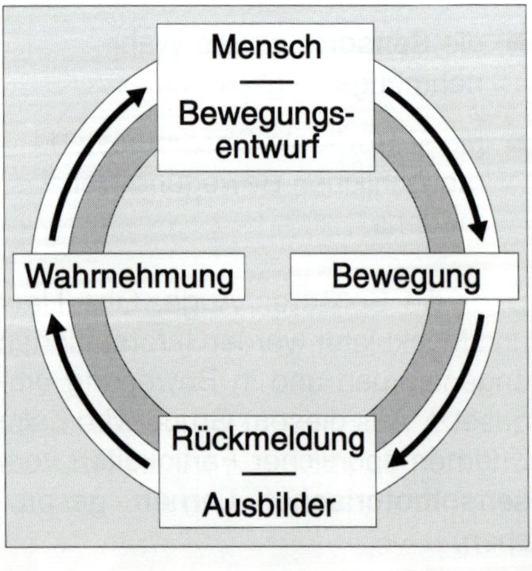

Je mehr sich eine spezielle Bewegung verbessert, desto stärker wird die Qualität der Bewegungsausführung empfunden. Die ersten Rückmeldungen kommen schon während des Bewegungsablaufs. Es werden neue Steuerimpulse gegeben. Dieser Vorgang, der sich folgerichtig durch das Üben, sprich Wiederholen des Gelernten, verfestigt, wird als „**innerer Regelkreis**" bezeichnet.

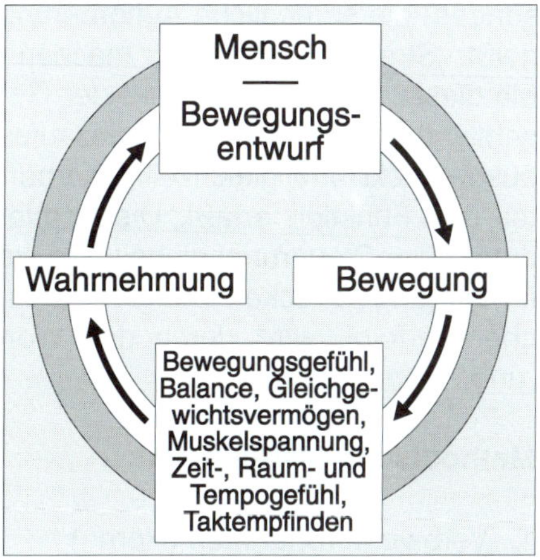

Der Ausbilder wird nun in seinen Anweisungen immer genauer, seine Korrekturen zielen in der Optimierungsphase auch auf Kleinigkeiten (Feinabstimmung) ab.

Hat ein Voltigierer auf dem Pferd beim Lernen Schwierigkeiten, die in der Balance und in fehlender Muskelspannung begründet sind, wird er, solange er mit dem Pferd beschäftigt ist, mit diesen Problemen nicht so einfach fertig. Vermittelt man einem solchen Voltigierer über Gymnastik und Ausgleichssport mehr Bewegungsgefühl, kann er sich stärker auf die Übungen konzentrieren und das verbesserte Bewegungsgefühl einbringen.

Üben

Üben ist der dem Lernen folgende Prozeß, bei dem durch ständiges Wiederholen einer sensomotorischen Fertigkeit eine Verbesserung der Bewegungsausführung eintritt. Dabei werden Kraft, Gelenkigkeit, Beweglichkeit, Gewandtheit und Koordination mit eingebracht.

Beim Üben werden die Regelungsvorgänge optimiert, von der Aufnahme eines Reizes über die Verarbeitung bis hin zu deutlich verbesserten Bewegungsausführungen. Diese werden als Fertigkeiten ständig stabilisiert. Somit muß Üben deutlich vom sensomotorischen Lernen unterschieden werden. Richtiges Lernen ist jedoch die unbedingte Voraussetzung für das Üben.

Trainieren

Trainieren ist aus sportpädagogischer Sicht ein umfassender Handlungsprozeß unter der Zielsetzung, daß durch planmäßige Einwirkung die sportliche Entwicklung weiterhin verbessert und stabilisiert wird.

Planmäßiges Handeln im Sinne von Training setzt eine gezielte Trainingsplanung voraus. Diese besteht im we
4. Begleitende Maßnahmen

durch entsprechende Trainingsmethoden umgesetzt werden. Bei der Umsetzung spielen ganz bestimmte Belastungen und angemessene Erholungsphasen eine Rolle.

Ob sich die erwarteten Erfolge einstellen und ob die Trainingsziele innerhalb der abgeschlossenen Trainingsphasen erreicht worden sind, wird durch Trainingskontrollen überprüft. In fast allen Sportarten sind Trainings- und Leistungskontrollen heute zumeist schon standardisiert. Im Reitsport ist man dabei, besonders im Bereich der Tiermedizin, ebenfalls zu standardisierten Leistungskontrollen zu kommen. Besonders konsequent wird dieser Weg in der Vielseitigkeitsreiterei verfolgt.

Gezieltes Training baut aber nicht nur Leistung auf (Aufbautraining), es erhält auch die Leistung (Formerhaltungstraining), kann sie aber auch zeitlich begrenzt reduzieren (aktive Erholungsphase). Es gibt darüber hinaus eine ganze Menge von Trainingsdefinitionen; im Rahmen dieser kurzen theoretischen Einweisung soll Training als **die Summe aller Maßnahmen, die zur Verbesserung der Leistungsfähigkeit führen**, definiert werden.

Im Rahmen des Lernens, Übens und Trainierens soll der Bereich der Lerninstruktion kurz behandelt werden.

Lerninstruktionen

Die sprachliche Formulierung steuert das Lernen insofern, als durch sie die beabsichtigte sensomotorische Fertigkeit veranschaulicht wird, wobei die Information an der jeweiligen Bewegungsfertigkeit orientiert sein muß.

Beim Voltigieren heißt die Information nicht: „Beuge oder strecke die Hüfte" oder „Beuge und strecke den Arm", sondern die sprachliche Aufforderung heißt: „Strecken und größer machen". Mit dieser Formulierung wird der Gesamtvorgang des Bewegungsablaufes ausgedrückt und gleichzeitig Körperteil und Funktion erfaßt. Die Verbindung einer Steuerungseinheit, wie sie im Vorgang „Strecken und größer machen" erfolgt, wird durch das Wort „und" verdeutlicht.

Methodische Maßnahmen

1. Verbale Maßnahmen (Hören)
   - Erklären
   - Beschreiben
   - Bewegungsanweisung
   - Bewegungsaufgabe

2. Optische Maßnahmen (Sehen)
   - Vormachen
   - Vorzeigen
   - Demonstration
   - Videofilme u.a.

3. Akustische Maßnahmen
   - Bewegungsrhythmus
   - Sprachliche Anweisungen

- Korrektur
- Hilfestellung
- Hilfsgeräte

Die verbale Information heißt jetzt nicht mehr „Strecken und größer machen“, sondern „mehr Körperzusammenschluß“. Das Strukturprinzip der verbalen Information bleibt erhalten.

Im weiteren Verlauf kommt der Wahl des Adverbs größere Bedeutung zu, zum Beispiel langsam oder schnell, stark oder leicht. Dadurch wird die Bewegungsausführung im Hinblick auf Veränderung des Kraftaufwandes und der Schnelligkeit der Bewegung genauer gekennzeichnet, die Grundform der Bewegung bleibt erhalten. Der Voltigierer muß jedoch, wie eingangs erwähnt, erst einmal die Grundelemente der Bewegung erlernen, bevor beim Üben und Trainieren die Ausführungsintensität variiert wird (siehe Abb.: **Bewegungslernen**).

Die Kraftsollwerte „stärker, schneller, kräftiger, nicht so schnell“ etc. stufen die Bewegung in jede gewünschte Richtung ab und verändern die Einwirkung. Zwischen Lernsprache und Trainingssprache besteht daher ein deutlicher Unterschied: die Lernsprache verdeutlicht, die Trainingssprache optimiert. Klares Bewerten von Bewegungsabläufen drückt sich in der Präzision der Sprache des Ausbilders aus.

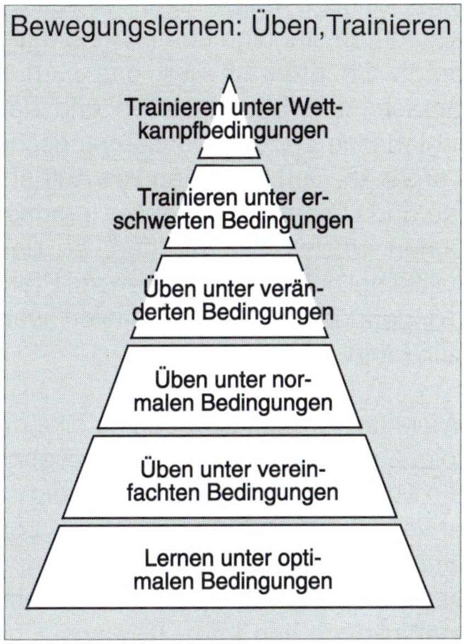

Ebenso wie die verbale Information zielt auch die visuelle Information auf die Bewegungsstruktur. Der Lernerfolg hängt hier entscheidend von der Art der Bewegungsdarstellung ab bzw. von der gezielten Herausstellung des Schwerpunktes einer Bewegung und des optimalen Krafteinsatzes. Sehr gut eignen sich Videofilme, um dem Lernenden zu verdeutlichen, worauf es bei einem Bewegungsablauf ankommt: Art und Dauer der Bewegung, Krafteinsatz, Schnelligkeit und dergleichen mehr. Diese visuellen Informationen werden vom Voltigierer ebenso gespeichert wie z.B. eine selbst geturnte Übung oder eine absolvierte gymnastische Übung. Natürlich spielt die individuelle Fähigkeit zur Informationsaufnahme und -verarbeitung eine wichtige Rolle. Jeder Voltigierer wird durch ständige Lernprozesse geprägt. So programmiert das Gehirn Sprach- und Sehstrukturen und das motorische Zentrum sensomotorische Vorgänge. Durch die ständige Aufnahme und Umsetzung gezielter Informationen wächst das Können, so daß selbst bei hohen Ansprüchen am Pferd mit geringerem Risiko voltigiert werden kann.

Wichtige Voraussetzungen für eine erfolgreiche Voltigierausbildung ist auch die Motivation, das Können ständig zu erweitern und die körperliche Leistungsfähigkeit zu verbessern. Kenntnisse über die Prinzipien und Gesetzmäßigkeiten von Lern-, Übungs- und Trainingsprogrammen helfen Voltigierern, diese gezielt einzusetzen und richtig dosiert an sich zu arbeiten (siehe Abbildung unten: **Die Methode des Übens**).

Lernen, Üben und Trainieren in Verbindung mit der Einhaltung vorgegebener Ausbildungs- und Belastungsprinzipien haben eine hohe Bedeutung in der Unfallverhütung. Herauszustellen sind hier die allgemeinen Sicherheitsmerkmale . Bei der Ursachenanalyse von Unfällen zeigt sich, daß die meisten Unfälle aus der Vorbereitungszeit resultieren, in der die fehlerhaften Ausführungen die Grundlage für den eigentlichen Unfall schufen.

Wesentlich ist daher, nach dem Erlernen des Bewegungsablaufs durch Üben eine ständig sich verfeinernde Form zu erreichen. Dadurch gewinnen die Voltigierer mehr Sicherheit, und selbst bei starker Belastung ist die Verletzungsgefahr relativ gering. Belastungsumfang und -intensität können auch zu einer Gefahr werden, denn Forderungen, die mit den konditionellen Fähigkeiten nicht übereinstimmen,

Die Methode des Übens

Ausgleichssport, Konditionstraining und Voltigieren mit Standardbelastung	Ausgleichssport, Konditionstraining und Voltigieren mit standardisiert-variablen Bedingungen	Ausgleichssport, Konditionstraining und Voltigieren mit variabler Belastung
charakterisiert durch das Wiederholen von Lektionen und Aufgaben	charakterisiert durch Verbindung feststehender Übungen und variabler Belastung	charakterisiert durch die Veränderung der Belastung
Hauptformen: Wiederholen, gleichmäßiges Üben	Hauptformen: wiederholtes und abwechselndes Üben	Hauptformen: variables Üben von Aufgaben

lassen wieder neue Unsicherheit aufkommen. Daher sollte sich jeder Voltigierer eine solide konditionelle Grundlage im Rahmen des vielfältigen Angebotes im Ausgleichssport und in der Konditionsarbeit schaffen, um den Ansprüchen im vollen Umfang zu genügen. Diese Forderung ist eine moralische Verpflichtung, die jeder Ausbilder gegenüber seinen Voltigierern eingeht.

Schwerpunktbereich: Lernen

*Zu Beginn eines jeden Lernprozesses wird die **Grobform** (Struktur) einer sportlichen Fertigkeit **erlernt**. Die später Übenden beherrschen dann diese Fertigkeit unter weitgehender Ausschaltung aller groben und bewegungshemmenden Fehler.*

Schwerpunktbereich: Üben

In diesem Bereich wird durch systematisches Wiederholen (Üben) die bereits erlernte Fertigkeit verbessert (optimiert) und so allmählich die Feinform herausgearbeitet.

Schwerpunktbereich: Trainieren

In diesem Bereich wird durch vielfältige Trainingsformen eine Verbesserung derjenigen konditionellen Faktoren erreicht, die für eine optimale Ausführung der erlernten Fertigkeit notwendig sind (z.B. Kraft, Ausdauer, Gelenkigkeit, Gewandtheit, Koordination usw.).

1. Aufbau einer Sportstunde

1.1 Innere Ordnung

Eine nach modernen Erkenntnissen aufgebaute Sport- oder Voltigierstunde ist frei von eng bindenden Zeit- und Übungsabläufen. Wie bei einer Reitstunde stellt sich vorweg die Frage, ob als Schwerpunktbereich ein **Lernprozeß**, ein **Übungsprozeß**, ein **Trainingsprozeß** oder gar eine **Überprüfung des Leistungstandes** im Mittelpunkt stehen soll.

Alle Formen der Vor- und Nachbereitung, also die Gymnastik beim Warmmachen (in der Reitstunde die Lösungsphase) oder das Auslaufen (in der Reitstunde die Trockenreitphase), richten sich nach der Hauptaufgabe der Stunde (in der Reitstunde Arbeits-Überprüfungsphase).

Vergleich der drei Phasen von Sport- und Reitstunde:

Sportstunde	Reitstunde
Einleitung	Lösungsphase
↓	↓
Hauptteil	Arbeits-, Überprüfungsphase
↓	↓
Ausklang	Ab-Trockenreitphase

Dem angemessenen Aufwärmen zu Beginn der Stunde kommt eine besondere Bedeutung zu, um

- Muskel- und Sehnenverletzungen zu vermeiden sowie
- die Lernbereitschaft und Leistungswilligkeit zu erhöhen.

Die Übungen zum Aufwärmen stehen in engem Zusammenhang mit der Hauptaufgabe der Stunde. Dieses gilt besonders für den jeweiligen Belastungsgrad. Werden in der Hauptaufgabe der Stunde neue Bewegungsabläufe erlernt, so darf die Belastung im einleitenden Teil der Stunde nicht zu hoch sein, weil beim Lernen eine hohe Konzentration erforderlich ist und ein ermüdeter Organismus den Lernerfolg negativ beeinflussen würde.

Besonders geeignet zum **Aufwärmen** sind:

- Laufen,
- Gymnastik und
- kleine Spiele (ohne hohe Belastung).

In der **Hauptaufgabe** einer Sport-Voltigierstunde werden folgende Aufgaben gestellt:

- Erlernen sportlicher Fertigkeiten
- Verbessern sportlicher Fertigkeiten
- Prüfen des Ausbildungsstandes

Zum **Ausklang der Stunde** werden noch einmal Bezüge zum Hauptteil hergestellt. Die Übungen zum Ausklang sollten zudem leicht, locker und fröhlich sein, frei von Belastungen, mit spielerischen Elementen, um bereits für die folgende Stunde zu motivieren. Es bietet sich dafür an:

- spielen
- auslaufen mit leichter Gymnastik
- Spielformen
- abschließendes kurzes Gespräch.

1.2 Äußere Ordnung

Der Sport soll in Neigungsgruppen und in Leistungsgruppen durchgeführt werden. Die Gruppen sollten gemischt sein, der Rahmen gelockert durch möglichst viele individuell zu lösende Aufgaben.

Ein **Grundprinzip** ist zu beachten. Die Übungen müssen **leicht zu erlernen** und durchzuführen sein, aber auch **anstrengend genug wirken**. Vorteilhaft ist, wenn **mehrere Voltigierer gleichzeitig**, z.B. an zehn Stationen arbeiten können. Spiel- und Geschicklichkeitsübungen sind ausgeschlossen.

2. Konditionsprogramme ohne Gerät

Es wird das Ziel verfolgt, als Grundlage eine annähernd gleichmäßige Entwicklung der ganzen Breite der konditionellen Fähigkeiten zu entwickeln. Besonders bei Anfängern im unteren Leistungsniveau sind bei richtiger und wohl dosierter Konditionsgymnastik gute Trainingswirkungen unabhängig vom speziellen Voltigieren erreichbar.

Die allgemeine Kondition hat einen guten Einfluß auf das Wettkampftraining und gehört in jede Aufbauarbeit. Diese findet in der aktiven Erholungsphase während des Winters in der Sporthalle statt.

Die Organisationsform ist das „Circuit Training". Es hat nicht nur eine Steigerung der Muskelkraft zum Ziel, sondern wirkt auch auf die Atmung und den Kreislauf. Die praktische Durchführung erfordert ein feststehendes Programm, in dem die verschiedensten Muskelgruppen belastet werden. Es werden pro Übung 10-20 Wiederholungen durchgeführt. Die Pause ist unvollkommen und nur so lang, daß die neue Ausgangsposition eingenommen werden kann.

Es folgen zehn Übungen ohne Gerät (auch für zuhause), jede Übung sollte 10-20 mal hintereinander ausgeführt werden.

1

Hocksprünge auf der Stelle

2

Liegestütz

3

Hampelmann springen

4

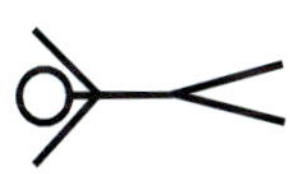

Hampelmann in Bauchlage, Beine und Arme ohne Bodenkontakt

5

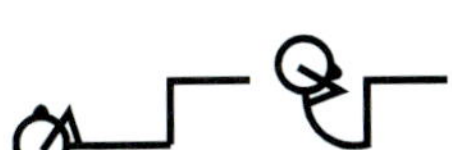

aufrollen des Oberkörpers aus der „Crunchhaltung"

6

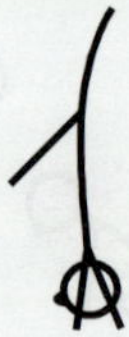

flüchtiger Handstand mit Stand im Wechsel

7

Rolle vorwärts - Strecksprung

8

Krebsgang 6 m rückwärts über 6 m

9

Heben + Senken des Oberkörpers, Beine in den Boden drücken, kein Hohlkreuz

10

Sitzen, Beine gestreckt übereinanderkreuzen und weit öffnen, Rücken gerade

3. Konditionsprogramme mit dem Medizinball

Übungen mit dem Medizinball (2 kg) im Rahmen der Kraftausdauer für zuhause und in der Halle, jede Übung 10-20x hintereinander ausführen.

11

Hin- und Herspringen über den Ball

12

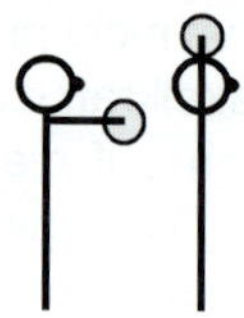

Medizinball vor der Brust in die Hochhalte drücken

13

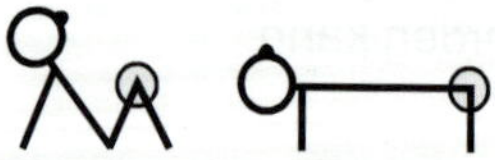

Hocksitz und Strecken im Wechsel ohne Bodenkontakt, Medizinball zwischen den Knien

14

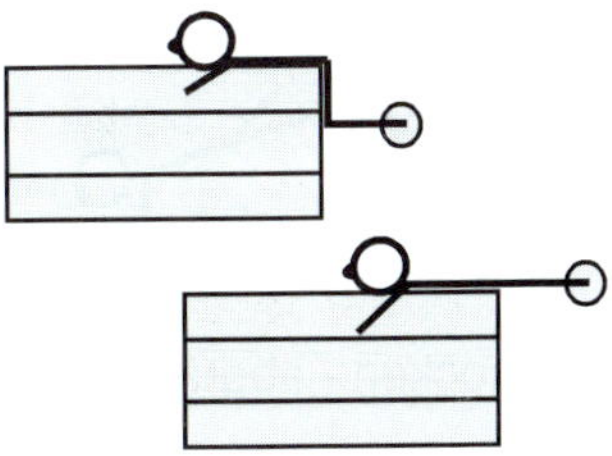

Bauchlage auf dem Kasten, Medizinball zwischen die Füße, Beugen und Strecken der Oberschenkel

15

Langsitz, geschlossene und gestreckte Beine über den Medizinball und li+re ablegen

16

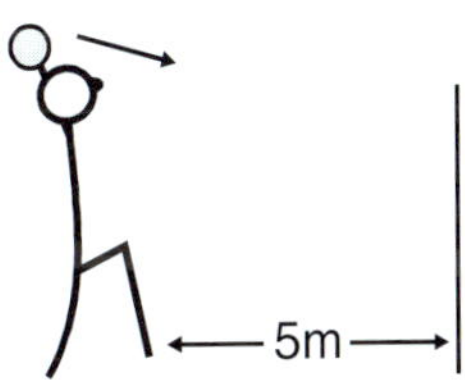

beidarmiger Einwurf aus der Schrittstellung gegen die Wand, 5 m Abstand

17

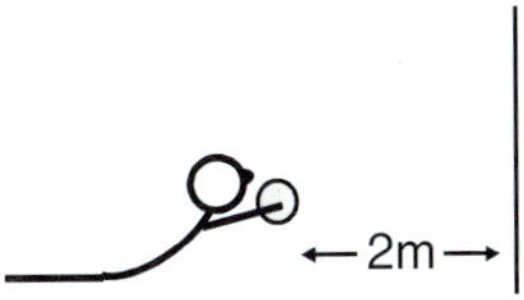

aus der Bauchlage beidhändig den Medizinball gegen die Wand werfen, 2 m Abstand

18

im Sitzen den Ball hochwerfen und im Stehen auffangen

19

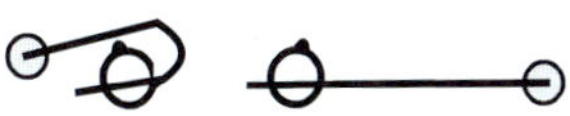

aus der Rückenlage zurückrollen, mit dem Ball den Boden berühren und zurückrollen

20

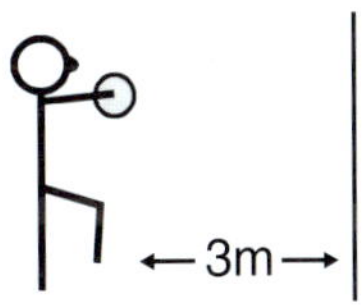

li+re im Wechsel Medizinball gegen die Wand stoßen, 3 m Abstand

4. Konditionsprogramme mit kleinen Kästen

Übungen für die Kraftausdauer, Vorbereitungsarbeit zum Turnen, jede Übung 10-20x hintereinander ausführen.

21

Schlußsprünge, auf- und abspringen

22

mit Stütz, durch den Stütz mit einem Zwischensprung nach li+re springen

23

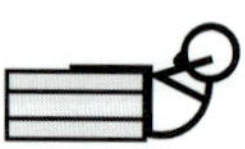

Heben und Senken des Oberkörpers aus der „Crunchhaltung“

24

Bauchlage, Anhocken + Strecken der Beine

25

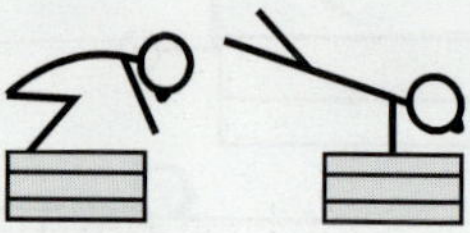

aufhocken - abgrätschen

26

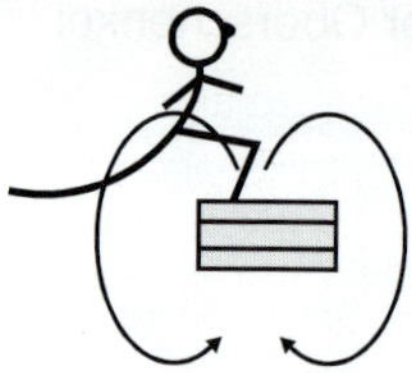

in einer „Achterlinie“ Kasten überlaufen, ohne Kastenkontakt

27

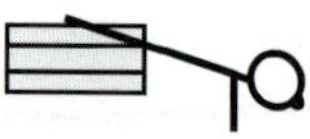

Liegestütz, Beine auf dem Kasten, beugen und strecken der Arme

28

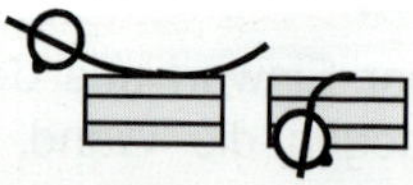

Bauchlage, Bogenspannung und Beugung im Wechsel

29

Sitz, Beine nach links und rechts über den Kasten legen

30

rücklings gegen 2 Kästen gestützt, Heben und Senken der Hüfte

5. Turnen am Schwebebalken

Merke: Sicherheits- und Hilfestellung und Weichmatten sind wichtig!

Das Turnen am Schwebebalken ist für das Voltigieren eine hervorragende Ergänzung. Hierbei wird für das Voltigieren die so wichtige Bewegungsgenauigkeit gefestigt sowie Gleichgewicht, Muskelgefühl und Kraft geschult.

Begonnen wird mit dem **Gehen**, **Hüpfen** und **Springen** auf dem Schwebebalken. Danach werden Auf- und Abgänge angeboten, später kommen Drehungen, um dann statische und dynamische Übungen aus dem Bereich des Bodenturnens hinzuzunehmen.

Als eine Vorstufe kann die Arbeit mit der Bank und dem Barren hinzugezogen werden, in den Reithallen bieten sich Cavaletti und Hindernisse an.

31

Schaffen von Voraussetzungen: Bänke normal aufstellen.
- Überlaufen, gerader Lauf - Hopserlauf
- Seitgalopp mit Armschwingen
- Überstellschritte li/re
- Überschreiten mit gleichzeitigem Armschwingen
- vorwärts-rückwärtsgehen, Arme in Seithalte und in Vorhalte

32

Voraussetzung: Bank umdrehen, schmales Unterteil nach oben und alle Übungen wiederholen.
Zusatzaufgaben:
- mit dem Ball, Gehen und Hochwerfen und Fangen des Balles
- Gehen und einen zugeworfenen Ball fangen und werfen
- Gehen und einen Reifen rollen
- Gehen und einen Ball prellen
- Medizinball auf dem Kopf tragen, in Vorhalte tragen, hinter dem Rükken tragen

33

Voraussetzung: Bank normal.
- Überlaufen von hockenden Kindern
- Überspringen vom knienden Kindern
- Überstützen von knienden Kindern
- Überlaufen von abgelegten Medizinbällen

34

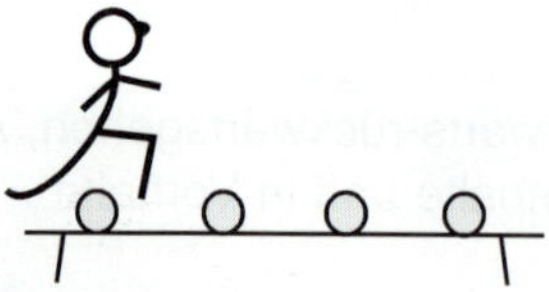

Voraussetzung: Bank normal aufstellen und Bälle auflegen.
- Überspringen der Bälle in Schlußsprüngen
- Überhüpfen auf einem Bein
- Überstützen der Bälle, überfassen, anhocken

35

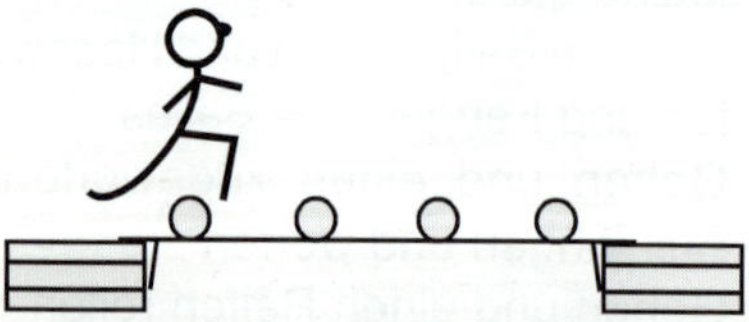

Voraussetzung: Bank höher auf Kastenteile hängen und Übungen wiederholen.

Vorübungen am Schwebebalken
(Höhe wechselnd einstellen)

36

- Aufklettern - balancieren, Absprung mit 1/1 Drehung
- Aufklettern - balancieren - Hocke einnehmen - weitergehen - Absprung Strecksprung
- rückwärts über den Schwebebalken gehen, rückwärts abspringen

37

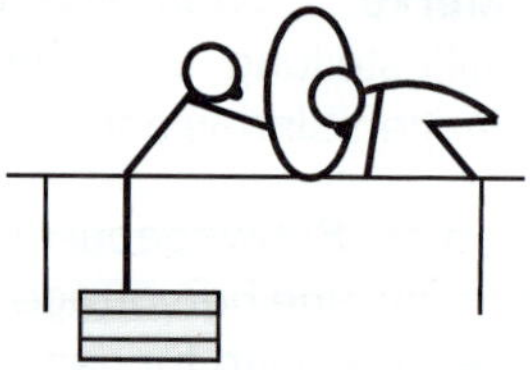

- durch gehaltenen Reifen klettern
- Medizinball vor sich herrollen
- Stab in Vor-, Seit- u. Hochhalte und über den Schwebebalken gehen
- Ball hochwerfen, auffangen mit leichtem Nachfedern, dabei über den Balken gehen
- Ball auf dem Kopf gehalten, über den Schwebebalken gehen

38

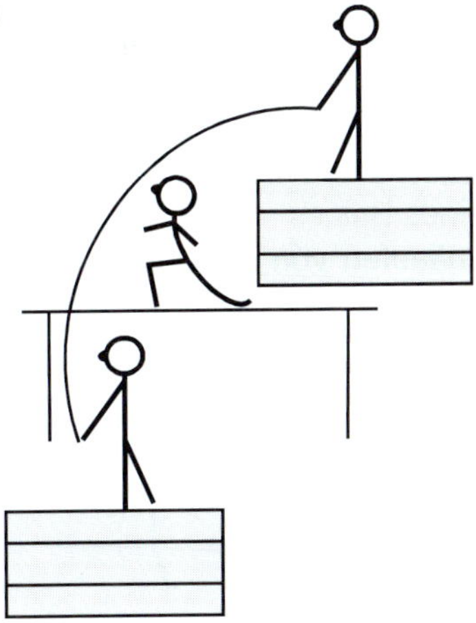

- durch ein schwingendes Seil laufen
- über ein schwingendes Seil springen und vorwärtslaufen

39

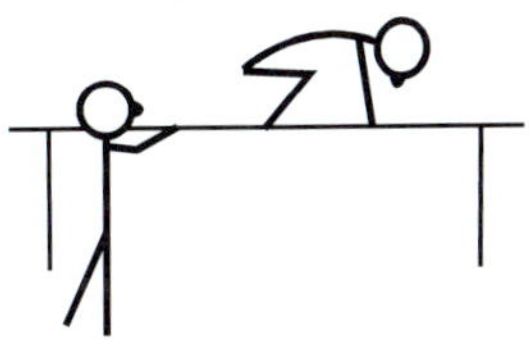

aus dem Stand abfedern und in den Kniestand aufstützen li/re

40

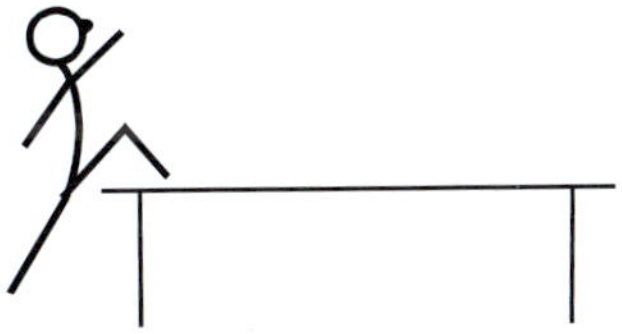

- von vorne aufspringen aus der Schrittstellung, seitlich abspringen
- seitliches Aufspringen auf den Schwebebalken

41

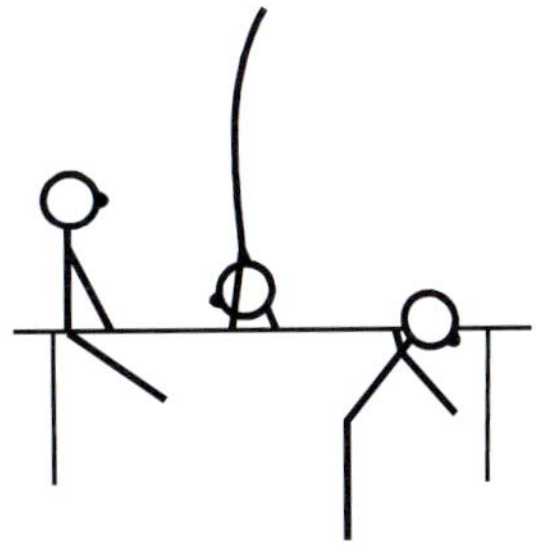

durch den Stütz aus dem Grätschsitz rückwärts aufschwingen und li/re auf beiden Füßen landen

42

- aufhocken, Grätschsitz
- aufhocken, Strecksprung

43

Seitgrätschsitz - Spreizaussitzen - auswenden li/re

44

Sitz, schwungvolles Aufschwingen, zurückschwingen, durch den Stütz gestreckt zum Stand li/re, Strecksprung ganze Drehung

45

seitlich aus dem Laufen mit dem Innenbein aufspringen, laufen, abspringen und wieder aufspringen li/re

46

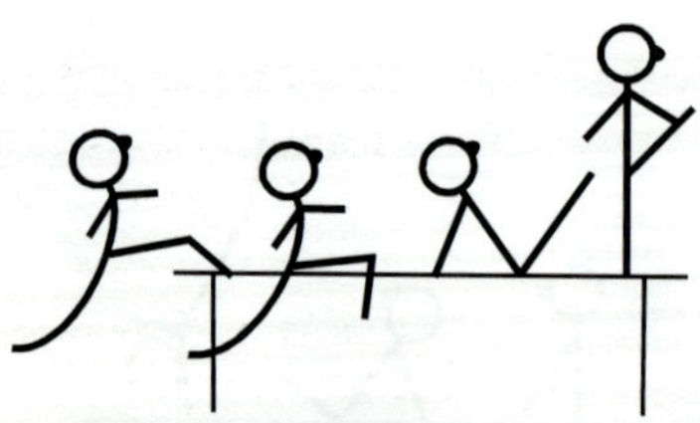

- seitliches Aufspringen zu einbeinigem Sitz, ein Arm stützt auf dem Balken
- schräges Auflaufen ohne Handstütz
- Schwebesitz mit Seithalte der Arme
- Streckstand mit Seithochspreizen eines Beines
- auflaufen von der Stirnseite ohne Handstütz

47

- Handstützüberschlag am Schwebebalkenende
- Rad vom Schwebebalken
- Radwende am Balkenende

48

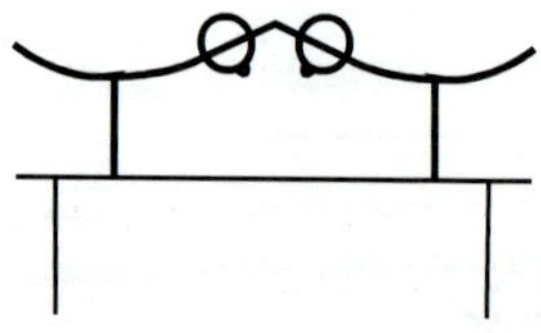

- Partnerstandwaage
- Standwaage
- Standwaage mit Erfassen eines Fußes

6. Bodenturnen

Am Boden kann sich der Voltigierer auf großem Raum und in viele Richtungen bewegen. Unterstützt durch Gymnastik bildet diese Vielseitigkeit der Bewegungsmöglichkeiten eine ideale Grundlage für die Hallenarbeit der Voltigierer zwischen Saisonende und Saisonanfang.

Die technischen Besonderheiten sind es, die ein Bodenturnprogramm interessant machen.

Der Voltigierer kann mit allen Körperteilen den Boden berühren, kann Sprünge machen, Drehungen um die Längs- und Querachse, kann Sprünge dynamisch gestalten und seine Beine als Sprung- und Sicherheitseinsatz benutzen.

Auch die Funktion der Arme, auf dem Pferd so wichtig, ist zu verbessern. Sie stützen, unterstützen bei Sprüngen und Drehungen, vergrößern den Bewegungsumfang und schaffen optisch ästhetische Effekte. Elemente des Bodenturnens können das Voltigieren entscheidend mit vorbereiten.

Entwicklung der motorischen Fertigkeiten

Begonnen wird mit dem Gehen, Laufen, Hüpfen und Springen verbunden mit Gleichgewichtselementen und Schwüngen. Sprünge und Drehungen aus der Gymnastik, Handstände, Rollen, Salto, Überschläge und Flick-Flack werden koordiniert.

Merke: Hilfe- und Sicherheitsstellung und Weichmatten sind wichtig!

Rollen - Strecksprünge - Handstand

49

Stand - Rolle vorwärts durch den flüchtigen Stütz - in die Hocke

50

Stand - Rolle vorwärts über einen Medizinball - Stand

51

Stand - Rolle rückwärts durch den flüchtigen Stütz - Stand

52

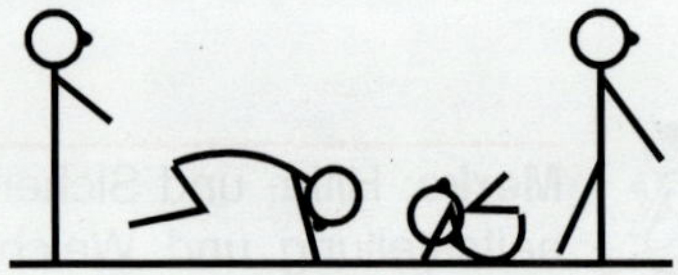

Stand - Flugrolle durch den flüchtigen Stütz - Stand

53

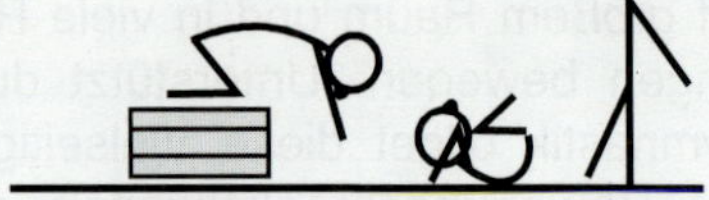

Kniestand auf dem Kasten - abrollen durch den flüchtigen Stütz - Stand

54

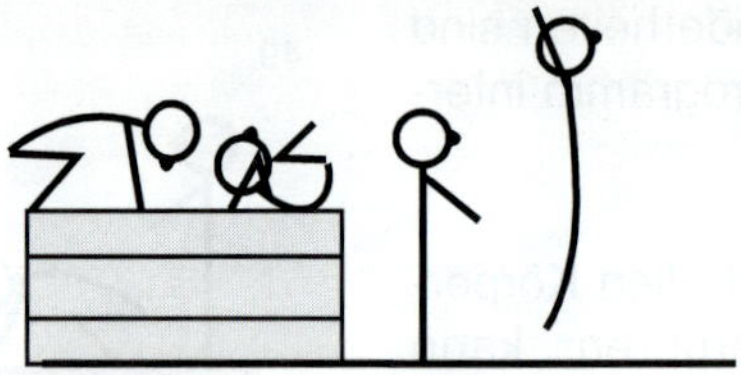

Anlauf - aufhocken auf den Kasten - abrollen - Stand - Strecksprung

55

Stand - Rolle vorwärts - Strecksprung 1/2 Drehung - Rolle rückwärts - Strecksprung

56

Grätschstand - Rolle vorwärts - Grätschstand in der Rumpfvorbeuge - Rolle vorwärts - Strecksprung ganze Drehung - Standwaage

57

Handstand - abrollen - Strecksprung 1/2 Drehung - Rolle rückwärts - Strecksprung ganze Drehung

58

Stand - Rolle rückwärts durch den flüchtigen Handstand - Strecksprung 1/2 Drehung - Rolle vorwärts - Strecksprung - Handstand - abrollen - Strecksprung ganze Drehung

Handstand - Handstützüberschlag - Strecksprünge

Anmerkung: Vor dem Aufschwingen in den Handstand sollte die Position Handstand erlernt sein!

59

gerader Handstand mit Absicherung durch den Partner

60

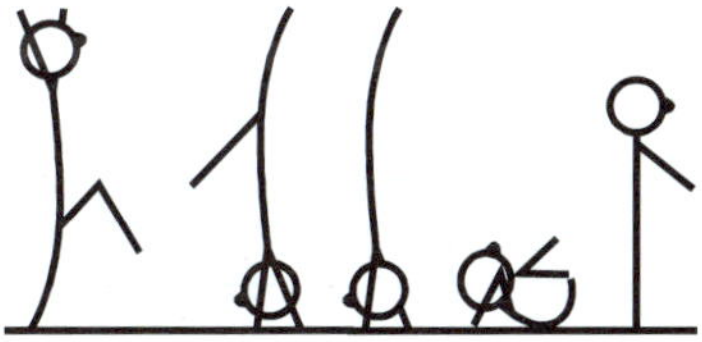

freies Aufschwingen zum Handstand, halten, abrollen, Stand

61

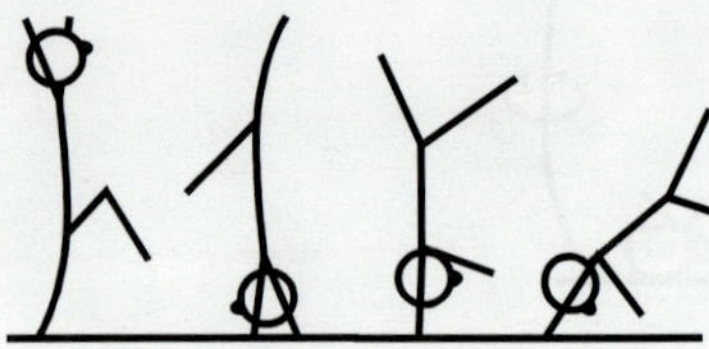

Radschlagen li/re aus dem Stand, später aus dem Anlauf

62

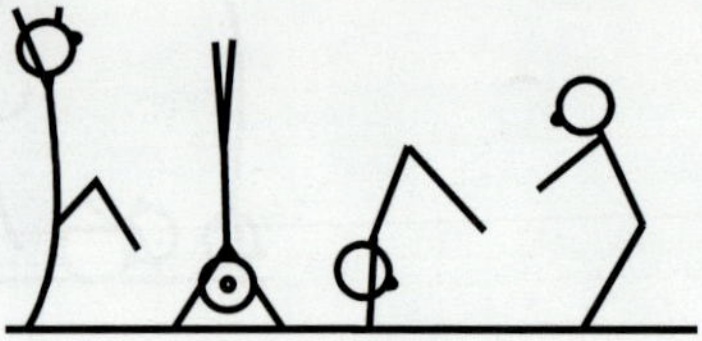

Handstandüberschlag seitwärts mit 1/4 Drehung - Stütz - (Radwende)

Erlernen des Beinschneppers für die Radwende

63

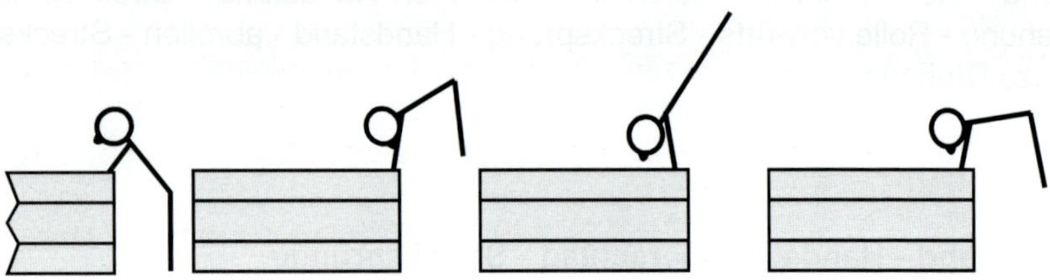

beidfüßig abspringen, Gesäß hochnehmen, Hüfte strecken, aus dieser Spannung heraus Beine wieder nach unten setzen

64

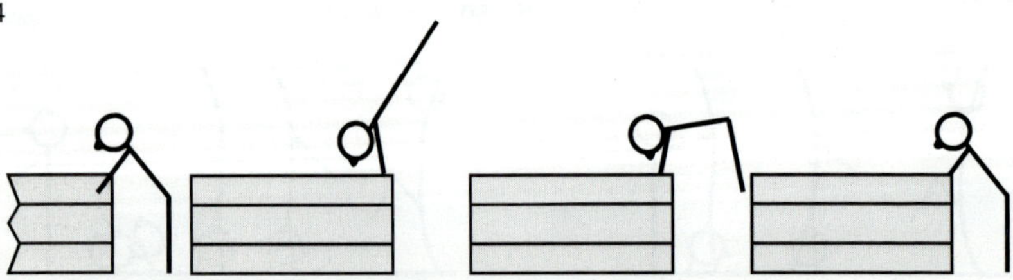

beidfüßig abspringen, Hüfte strecken, mit den Händen abdrücken, die Beine nach unten schwingen, Landung auf dem Fußballen

65

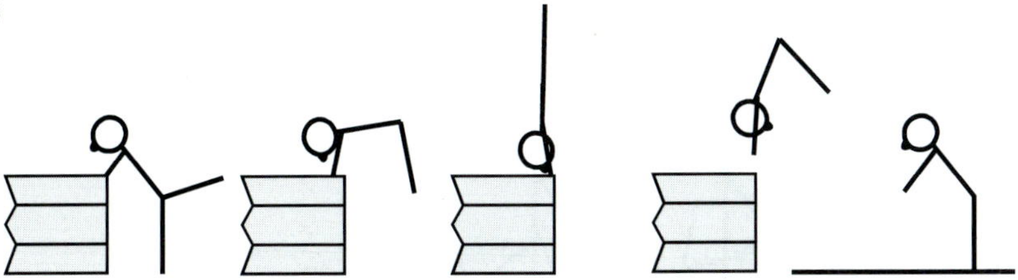

aufschwingen mit Hilfe des Schwungbeines, möglichst in den Handstand, dann die Beine nach unten bringen und mit den Händen wegdrücken

66

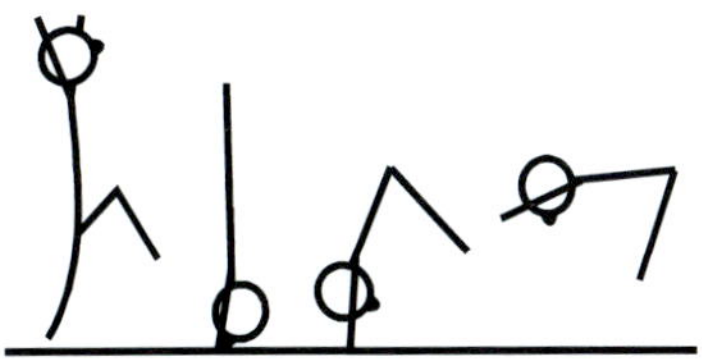

aufschwingen in den flüchtigen Handstand, die Beine kräftig nach unten bringen und aus den Armen kräftig nachdrücken

67

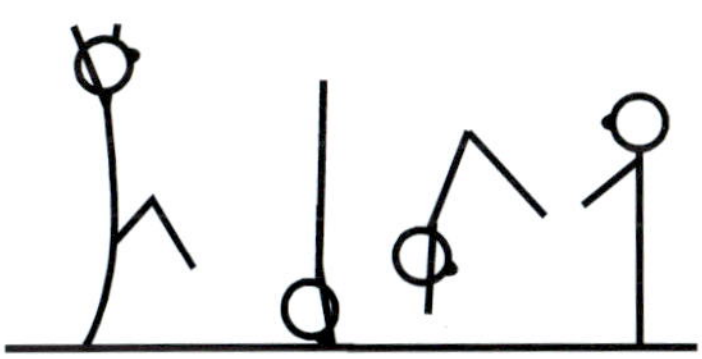

wie beim Rad, schnell aufschwingen, mit starkem Schwungbeinimpuls, mit dem „Druckbein" sofort nachdrücken, dann beide Beine schnell zum Stand senken

68

nach 2 Laufschritten und Hopser die Radwende, dabei schnellkräftig den Beinschnepper ansetzen, dann nach kurzer Flugphase nach dem Landen einen Strecksprung mit 1/2 Drehung anschließen

Erlernen der Nackenkippe

69

Nackenbrücke, zwei Partner fassen die Hände, Nackenstand und eine Kippbewegung in den Stand

70

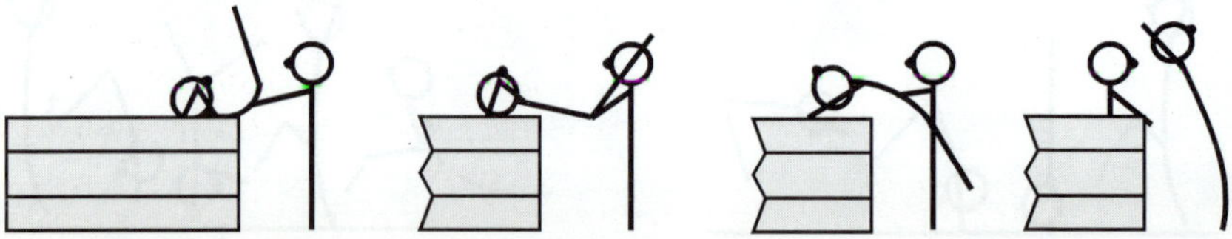

Hüftbeuge, die Hände etwas über Schulterbreit neben den Kopf, aufschwingen der Beine, aus dem Nackenstand schnell vorwärts in die Körperstreckung gehen und mit den Armen nachdrücken. Der Helfer unterstützt im Rücken

71

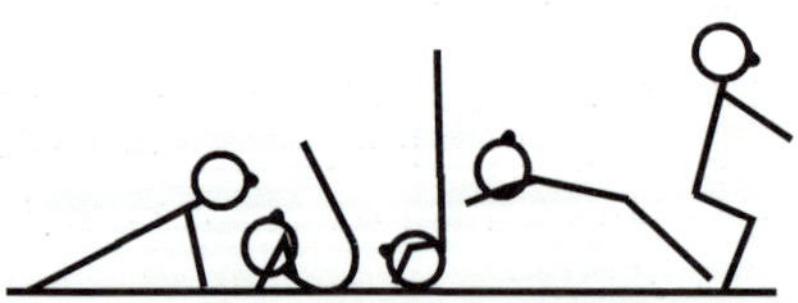

aus dem Liegestütz einrollen in den Nackenstand, den Kopf schnell so weit zwischen die Hände schieben, daß die Schultern aufliegen, dann schnelle Kippbewegung mit gestreckten Beinen, Partner unterstützt am Rücken

72

auf dem Kasten einrollen aus dem Liegestütz in die Kipplage und Partner unterstützt im Rücken

Handstützüberschlag

73

Wiederholen des schnellen Handstandaufschwingen

74

Arme von oben anschwingen, Druck- und Schwungbein kräftig einsetzen, so schnell wie es geht aufschwingen und beide Füße gegen die Hände des Partners schlagen. Schultern halten gegen, der Kopf ist im Nacken

75

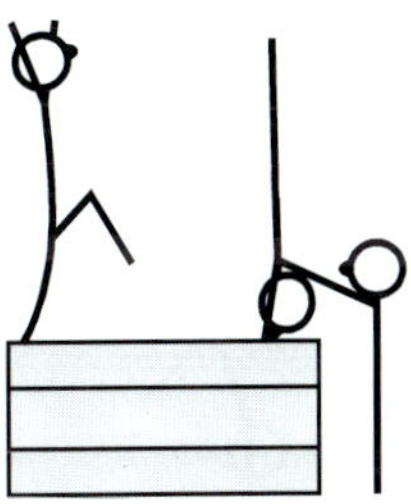

Aufschwingen auf den Kasten in den Handstand, abdrücken und die Beine gestreckt in den Stand bringen. Der Partner unterstützt am Rücken

76

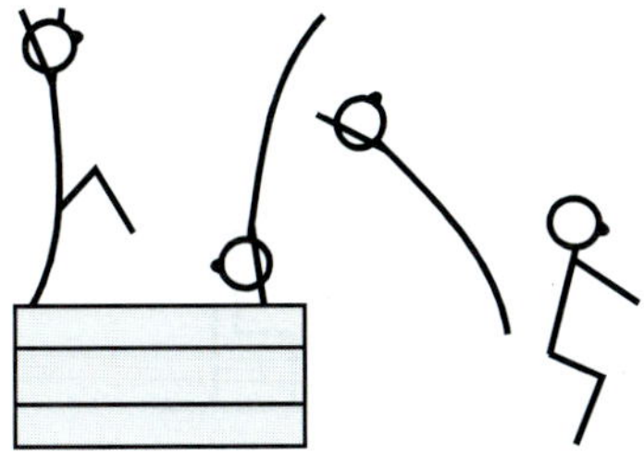

von einer Kastenoberteilreihe bzw. Mattendreifachlage aus dem Laufschritt mit einem Hopser ein schnelles Aufschwingen in den Handstand, abdrücken und überschlagen. Der Partner kniet seitlich und unterstützt am Rücken

77

Anlauf mit 2 Laufschritten, dann der Hopser und den Handstützüberschlag in den Stand, anfangs mit Sicherheitsstellung

Handstützüberschlag rückwärts (Flick-Flack)

78

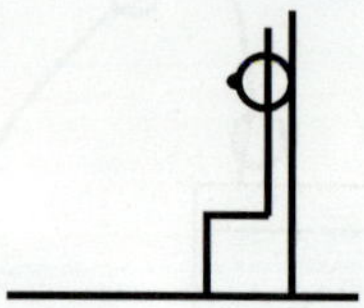

gegen die Wand langsam herabsenken, Gesäß so tief bringen, bis die Oberschenkel horizontal sind

79

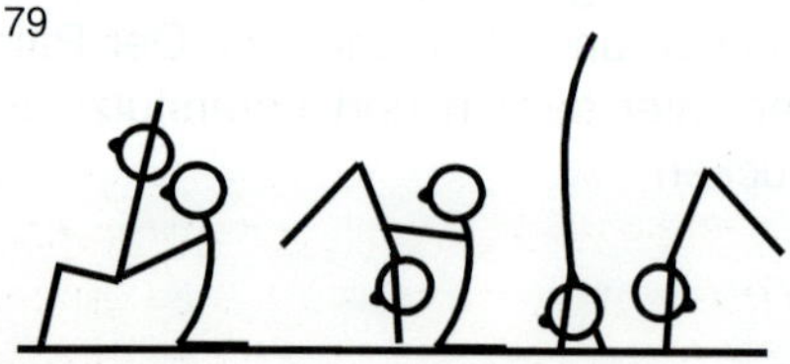

wie gegen die Wand auf die Hände des Helfers (kniet seitlich versetzt) setzen, Kopf nach hinten nehmen und die Arme gestreckt über den Kopf bringen, dann den Oberkörper senken (nach hinten-unten) und rückwärts überschlagen, sodaß der flüchtige Handstand eingenommen wird

80

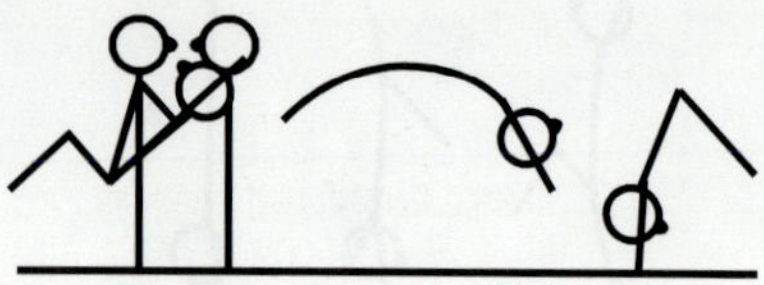

beide Helfer fassen die Hände, daraufsetzen, die anderen Hände der Helfer fassen unter die Schulterblätter, Arme hochnehmen, Kopf zurücknehmen, schnell die Arme parallel bis in den Stütz schwingen und die Flick-Flack-Bewegung ausführen

81

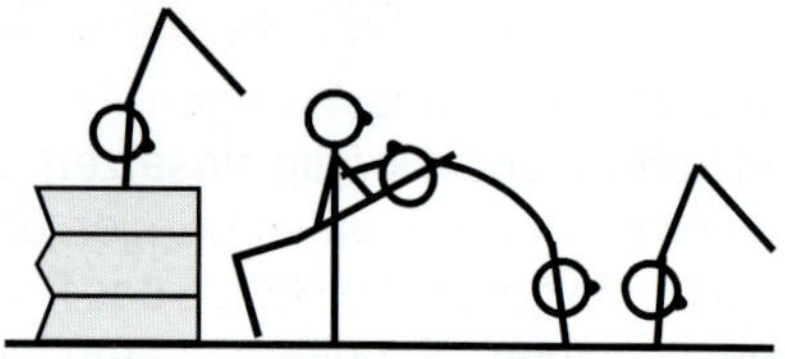

aus dem Stütz vom Kastenteil, Hüfte gebeugt, den Flick-Flack, Partner unterstützt am Rücken

82

dasselbe ohne Kastenteil, nach Anlauf und Radwende

Salto vorwärts

83

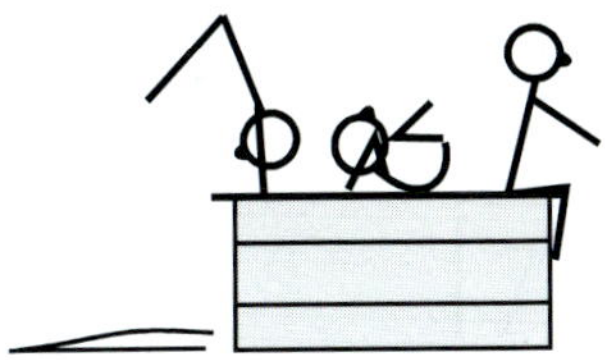

auf die auf einem Kastenteil liegende Weichmatte nach kräftigem Absprung aufrollen mit deutlichem Aufsetzen der Hände, dann abrollen

84

auf die auf einem Kastenteil liegende Weichmatte nach kräftigem Absprung eine Sprungrolle in den Sitz ohne Aufsetzen der Hände ausführen

85

auf die auf einem Kastenteil liegende Weichmatte nach kräftigem Absprung eine schnelle Sprungrolle (etwas höher) ausführen und im Sitz landen (3/4 Salto)

86

Kasten quer, eine Weichmatte darüber, eine Weichmatte davor, Anlauf, kräftig abspringen, schnell die Drehung einleiten, die Hände zu den Schienbeinen bringen. Rücken berührt noch leicht die Matte, die Beine nach vorne strecken und im Stand landen. Spätere Ausführung ohne Mattenberührung.

87

mit dem Minitrampolin dieselbe Übung wie am Kasten, schnelles Abspringen und Drehen, Hände zu den Schienbeinen bringen, Beine strecken und landen, Partner unterstützt - Später frei am Boden

Salto rückwärts

88

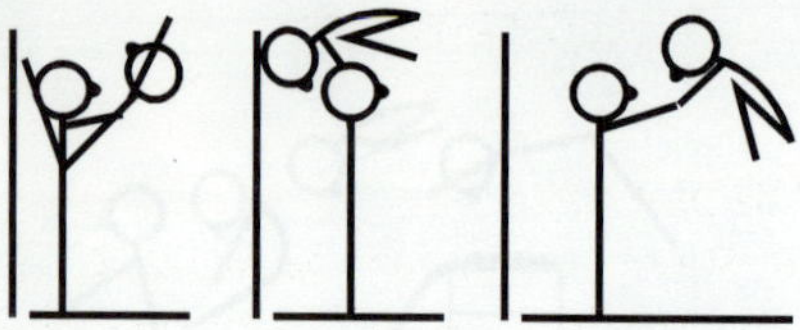

- schnell an der Wand hochlaufen, abdrücken mit den Füßen, dabei die Knie schnell an die Brust bringen, zum Überschlag rückwärts in den Stand, 1-2 Helfer unterstützen im Drehgriff
- dasselbe wie an der Wand aus 2-3 kräftigen federnden Absprüngen mit 2 Partnern, die im Drehgriff unterstützen

89

dasselbe vom Kastenteil aus 2-3 kräftigen federnden Absprüngen mit zwei Partnern, die im Drehgriff unterstützen

90

mit dem Minitrampolin Salto rückwärts gehockt, nach dem Stütz am Kasten quer

91

1-2 mal vom Minitrampolin springen und in den flüchtigen Handstand am Kasten federn, Beinschnepper einsetzen und aus dem Trampolin heraus den Salto rückwärts ansetzen

7. Trampolin-Turnen

Für das Voltigieren ist das Trampolin eine wichtige und zugleich motivierende Bewegungsschulung, denn es entwickelt ein gutes Bewegungsgefühl bei einer freien Orientierung in der Luft. Es erfordert Reaktionsvermögen und Konzentrationsfähigkeit, erzieht zum Selbstvertrauen und hilft entscheidend, fast spielerisch in die schwierigsten Bewegungsabläufe hineinzukommen.

Alle Sprünge müssen so gesprungen werden, daß die Absprungstelle = Landestelle ist.

Sicherheitsbestimmungen

- vor dem Trampolinspringen nach genauesten Anweisungen gemeinsam das Trampolin aufbauen, niemals ohne Aufsicht
- nicht ohne Aufwärmen auf das Gerät gehen
- grundsätzlich mit allgemeinen Grundsprüngen sich an das Tuch gewöhnen
- immer vom Trampolin herunterklettern, niemals springen
- Weichmatten um das Trampolin herumlegen
- alle nicht springenden Voltigierer stehen um das Trampolin herum, beobachten den Springer und sind alle als Hilfe- und Sicherheitsstellung eingeteilt.

Merke: Sicherheits- und Hilfestellung und Weichmatten sind wichtig! Hilfestellung = aktive, Sicherheitsstellung = passive Unterstützung

Beispiel

Im Tuch sind die Füße schulterbreit auseinander, in der Luft stets geschlossen.

92

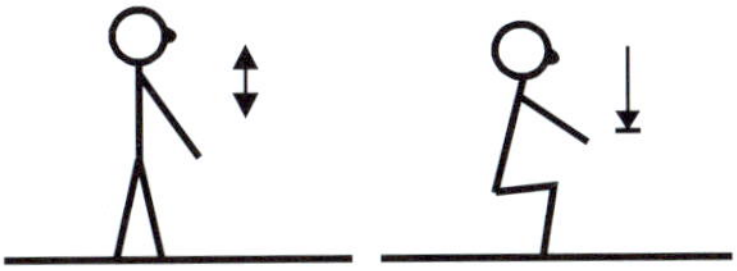

Strecksprünge spontanes „Wippen“ | „Abbremsen“, in die Hocke gehen und nachgeben

Landepositionen

93

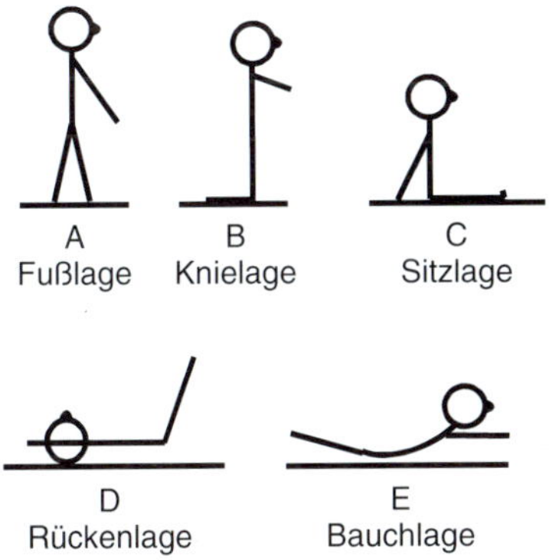

A **Fehler bei der Fußlandung**

- die Füße sind nicht hüftbreit und nicht parallel aufgesetzt
- die Landung erfolgt nicht auf der ganzen Fußsohle
- die Beine sind nicht gestreckt
- die Landung erfolgt nicht auf der Absprungstelle

B **Fehler bei der Knielandung**

- der Oberkörper ist vorgeneigt
- der Oberkörper ist zurückgeneigt
- die Arme schwingen beim Aufstehen nicht mit
- Fußspitzen sind angezogen

C **Fehler bei der Sitzlandung**

- die Füße berühren zuerst das Trampolin
- der Oberkörper ist zu weit vor- bzw. zurückgeneigt
- das Gesäß berührt zu früh das Tuch
- der Kopf ist zu weit nach vorn- bzw. zurückgeneigt
- die Hände sind nicht gleichzeitig neben dem Körper im Tuch und drücken nicht genügend beim Aufstehen ab

D **Fehler bei der Rückenlandung**

- zu weites Zurückspringen und damit Ortsveränderung
- die Landung kommt zu sehr auf das Gesäß
- die Spannung im Rumpf geht verloren
- zu viel Rückwärtsdrehung
- die Beine bleiben nicht vorne und werden nicht als Hebel beim Aufstehen genutzt

E **Fehler bei der Bauchlandung**

- zu viel Vorlage
- zu viel Rückenlage
- ungleichmäßiges Auftreffen des Körpers
- fehlende Muskelspannung
- zu wenig Vorschieben des Bauches in das Tuch
- Fußsprünge (Blick auf den Rahmen des Trampolines)

Sprungarten

94

Sprünge mit Drehungen um die Körperlängsachse

Diese Drehungen werden auch als Schrauben bezeichnet, es sind Drehbewegungen um die Längsachse des Körpers; wichtig ist, links und rechts herum im selben Maße üben.

95

aus dem Stand abspringen und 1/2 Drehung um die Längsachse in den Stand (li+re)

96

aus dem Stand abspringen und 1/2 Drehung in den Kniestand (li+re)

97

aus dem Stand abspringen und 1/2 Drehung in den Sitz (li+re)

98

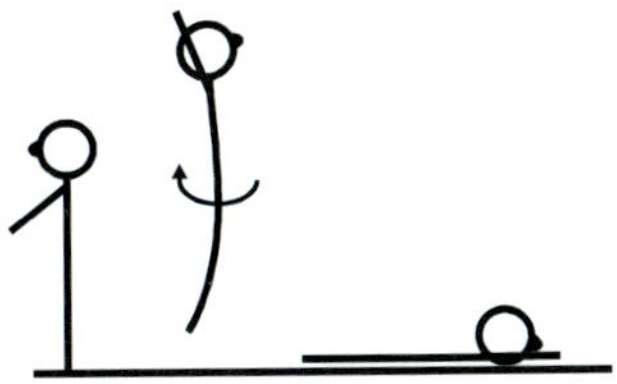

aus dem Stand eine halbe Drehung in die Bauchlage (li+re)

99

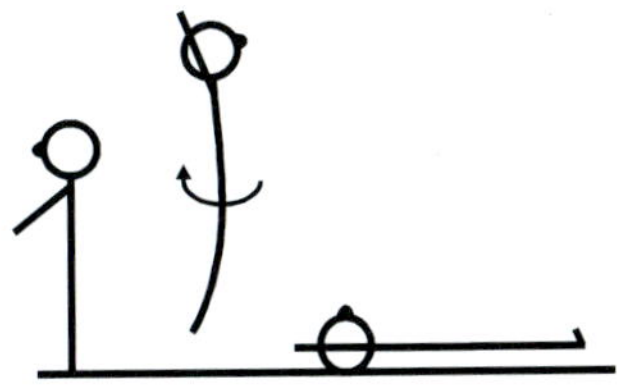

aus dem Stand eine halbe Drehung in die Rückenlage (li+re)

100

aus dem Kniestand eine halbe Drehung in den Kniestand (li+re)

101

aus dem Sitz eine halbe Drehung in den Kniestand (li+re)

102

aus dem Kniestand eine halbe Drehung in die Bank (li+re)

103

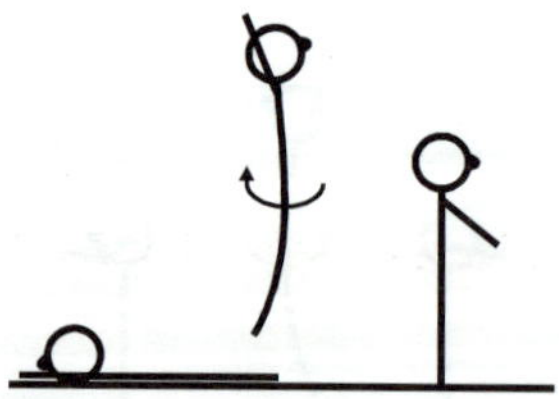

aus der Bauchlage eine halbe Drehung in den Stand (li+re)

104

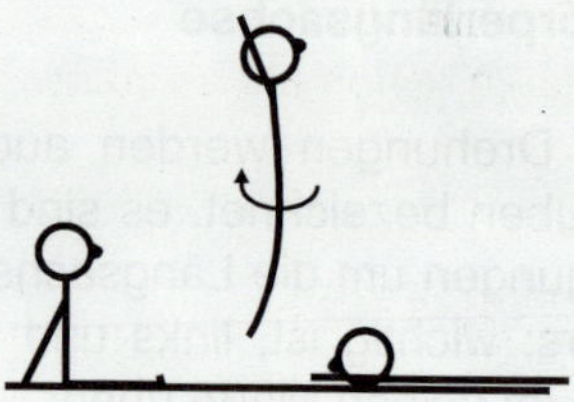

aus dem Sitz eine halbe Drehung in die Bauchlage (li+re)

105

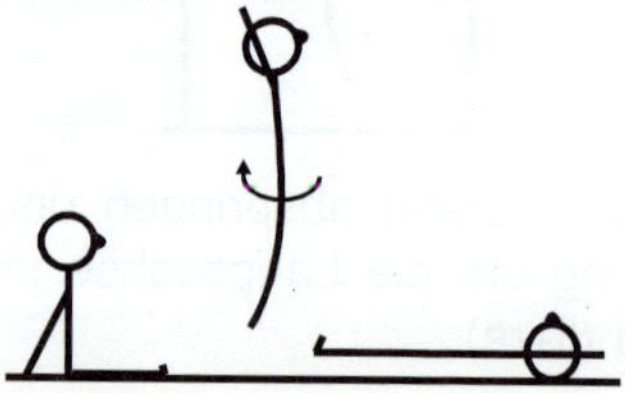

aus dem Sitz eine halbe Drehung in die Rückenlage (li+re)

106

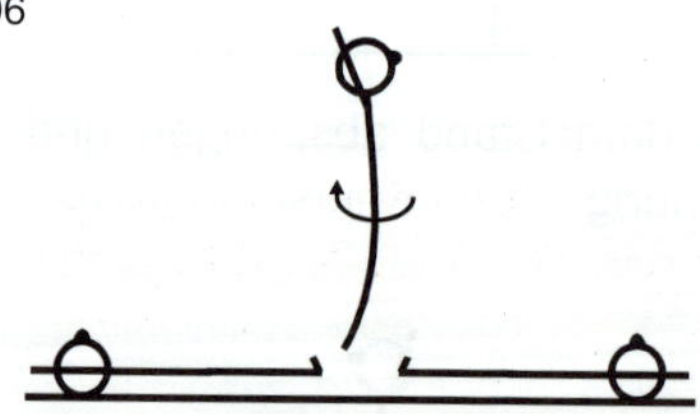

aus der Rückenlage eine halbe Drehung in die Rückenlage

Schrauben
(Der Drehimpuls muß bei ganzen Schrauben schon etwas stärker sein)

107

Strecksprung, 1/1 Schraube nach li+re

108

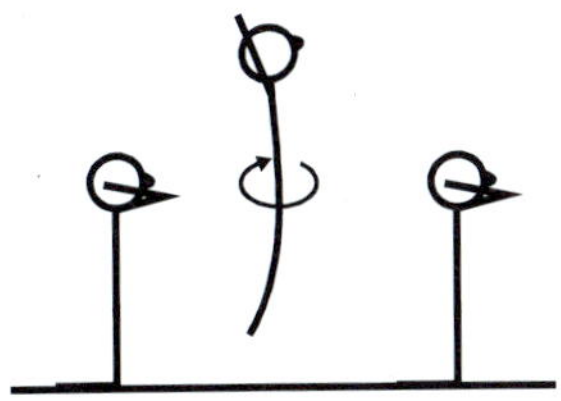

Kniestand, 1/1 Schraube nach li+re

109

Sitz, 1/1 Schraube nach li+re

110

Rückenlage, 1/1 Schraube um die Längsachse li+re in den Stand

111

Rückenlage, 1/1 Schraube um die Längsachse in die Rückenlage li+re

Salto vorwärts

Alle Grundsprünge müssen beherrscht sein, auch die Vorübungen zum Salto müssen erst einmal geübt werden, da diese bereits mit kleinen Flugphasen verbunden sind, wie z.B. Flugrolle und 3/4 Salto. Als methodische Hilfe werden einige Vorübungen aus dem Kniestand gesprungen und dann Sprung für Sprung die Anforderungen gesteigert.

Anmerkung: Bei allen Sprüngen zuviel Ortsveränderung nach vorne vermeiden, langsam die Höhe steigern.

112

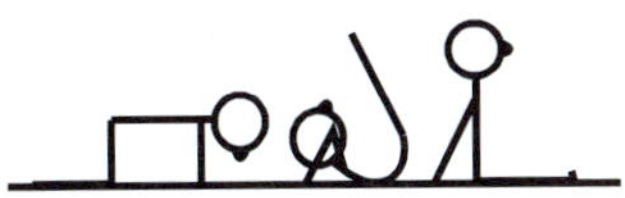

Bank, durch den Stütz, abrollen in den Sitz

113

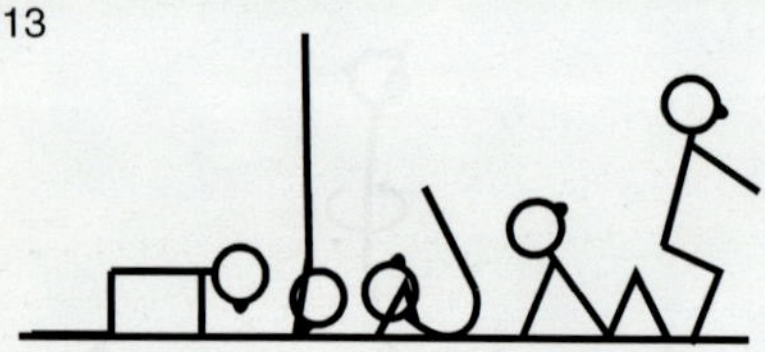

Bank, aufschwingen, dann den Handstand abrollen in den Hockstand

114

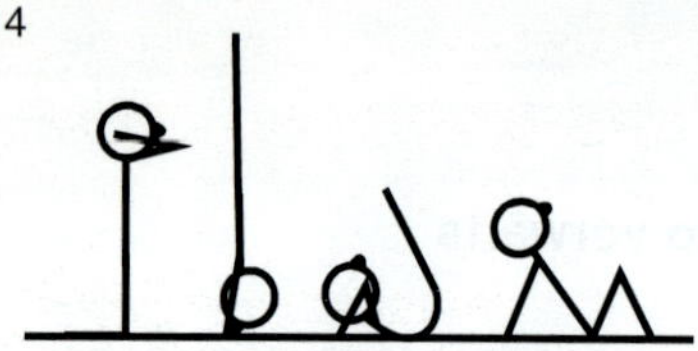

Kniestand, abspringen, durch den flüchtigen Handstand über den Rükken in den Hocksitz abrollen

115

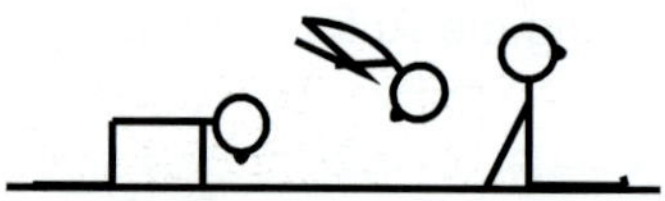

Bank, abspringen, 3/4 Salto vorwärts in den Sitz

116

abspringen, 3/4 Salto vorwärts in den Sitz

117

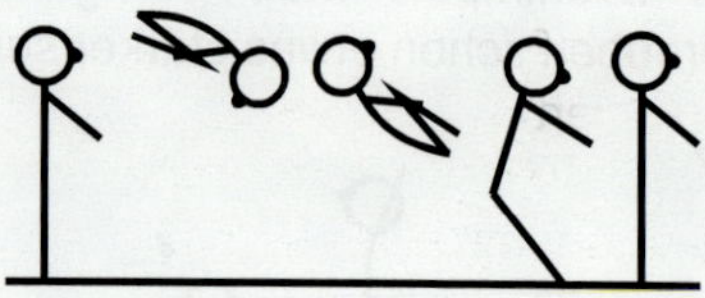

1/1 Salto aus dem Stand in den Stand

Salto rückwärts

Rückwärtsbewegungen erfordern mehr Mut und Überwindung.

118

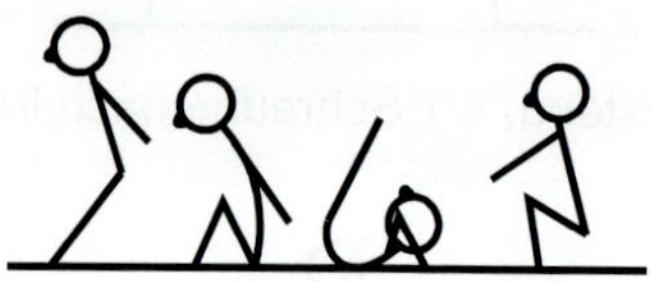

Rolle rückwärts durch den flüchtigen Stütz in den Hocksitz

119

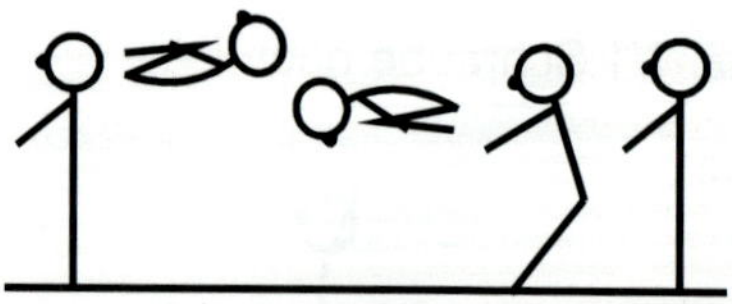

aus dem Stand Salto rückwärts in den Stand, ein Helfer steht mit auf dem Trampolin, schwingt selbst im Rhythmus mit und unterstützt die Drehung mit der Hand am Nacken (nimmt den Kopf mit)

Trainingsabläufe

Folge von Sprüngen, rhythmisch und konzentriert

1. 3 x Wippen Strecksprung
   3 x Wippen Hocksprung
   3 x Wippen Grätschsprung
   3 x Wippen Laufsprung
   3 x Wippen durch „Stoppen“
   (Stoppen: in den Knien nachgeben)

2. 3 x Wippen Strecksprung
   3 x Wippen Kniesprung
   3 x Wippen Sitzsprung
   3 x Wippen Rückensprung
   3 x Wippen Bauchsprung
   3 x Wippen „Stoppen“

3. 1 x Wippen Strecksprung
   Hocksprung
   Grätschsprung
   Laufsprung
   Stoppen

4. 1 x Wippen Strecksprung
   Kniesprung
   Sitzsprung
   Rückensprung
   Bauchsprung
   Stoppen

5. 1 x Wippen, 3.+4. hintereinander (dann Pulskontrolle, 10 sec zählen x 6 = Belastungspuls)

6. 3 x Wippen Strecksprung 1/2 Drehung li
   3 x Wippen Strecksprung 1/2 Drehung re
   3 x Wippen Strecksprung 1/1 Drehung re
   3 x Wippen Strecksprung 1/1 Drehung li
   Abstoppen

7. 3 x Wippen Kniestand 1/2 Drehung Kniestand
   3 x Wippen Strecksprung 1/2 Drehung in den Sitz
   3 x Wippen Strecksprung 1/2 Drehung in den Bauchsprung, aus dem Bauchsprung in den Stand,
   Abstoppen

8. 3 x Wippen Strecksprung 1/2 Drehung in den Rückensprung, aus dem Rückensprung in den Stand
   3 x Wippen Strecksprung 1/2 Drehung in den Rückensprung, aus dem Rückensprung 1/2 Drehung in den Rückensprung,
   Abstoppen

9. 3 x Wippen Strecksprung 1/1 Drehung in den Stand
   3 x Wippen Strecksprung in die Rückenlage, aus der Rückenlage 3/4 Salto vorwärts in den Sitz, aus dem Sitz in den Stand,
   Abstoppen

10. 3 x Wippen Strecksprung
    3 x Wippen Hocksprung
    3 x Wippen Salto vorwärts
    3 x Wippen Strecksprung
    3 x Wippen Hocksprung
    3 x Wippen Rolle Salto rückwärts

8. Sprünge mit dem Minitrampolin

Merke: Sicherheits- und Hilfestellung und Weichmatten sind wichtig!

Das Mini-Trampolin steht in jeder Turnhalle. Kinder und Jugendliche haben Spaß am Minitrampolinspringen. An diesem Gerät werden in einem besonderen Maße Geschicklichkeit, Gewandtheit und Koordination gefordert. Die Kinder und Jugendlichen lernen auch hier, ihren Körper zu beherrschen, so wie sie das für die Pflicht und Kür beim Voltigieren als Voraussetzungen mitbringen sollten.

Die gemachten Erfahrungen wirken sich später beim Lernen und Üben am Pferd positiv aus.

Sicherheitsbestimmungen:

- das Minitrampolin muß fest stehen
- es darf grundsätzlich nur mit Weichmatten gesprungen werden
- immer ist eine Hilfestellung bzw. Sicherheitsstellung im Einsatz, die beim Ein- und Aussprung sorgfältig die Bewegung passiv und wenn notwendig aktiv begleitet.

Beim Minitrampolinspringen sind **vier Phasen** zu beachten. Der Anlauf, der Ein- und Absprung, die Flugphase und die Landung.

Anlauf

Der Anlauf ist für die Qualität eines Sprunges sehr entscheidend. Er soll flüssig sein, geradlinig und zum Absprung hin dynamisch gestaltet werden. Die Länge und die Geschwindigkeit des Anlaufes richtet sich nach den Anforderungen des jeweiligen Sprunges.

Ein- und Absprung

Beim Minitrampolin wird ganz bewußt vom Einspringen gesprochen, denn die unterstützende, werfende Funktion des Tuches ist dann am Wirkungsvollsten, wenn möglichst „von oben" eingesprungen wird.

Die Arme unterstützen den Absprung, die Beine sind schulterbreit in das Tuch zu setzen, eine Hohlkreuzhaltung muß vermieden werden. Der Springer muß gerade Seiten und eine leichte Körpervorlage haben gem. dem Gesetz „Einfallwinkel = Ausfallwinkel". Der Absprung vor dem Tuch erfolgt mit einem – Landung und Absprung im Tuch mit beiden Beinen.

Flugphase

Sie ist abhängig vom kräftigen Absprung, der folgerichtig eine hohe Flugphase garantiert.

Landung

Alle Sprünge müssen bei der Landung auf einer Weichmatte durch bewußtes Abfedern in den Sprung-, Knie- und Hüftgelenken abgefangen werden.

120

Strecksprung

123

Bücksprung

121

Hocksprung

124

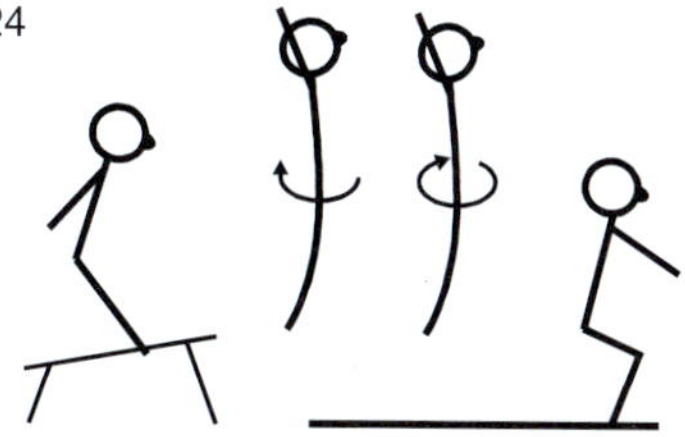

Strecksprung 1/2 + 1/1 Drehung
(li+re)

122

Grätschwinkelsprung

125

Salto vorwärts/rückwärts
(Hilfestellung)

Beispiele für Übungsverbindungen Minitrampolin und Bodenturnen

126

Strecksprung 1/1 Drehung - Landung - Rolle vorwärts - Strecksprung

127

Strecksprung 1/2 Drehung - Landung - Rolle rückwärts - flüchtiger Handstand

128

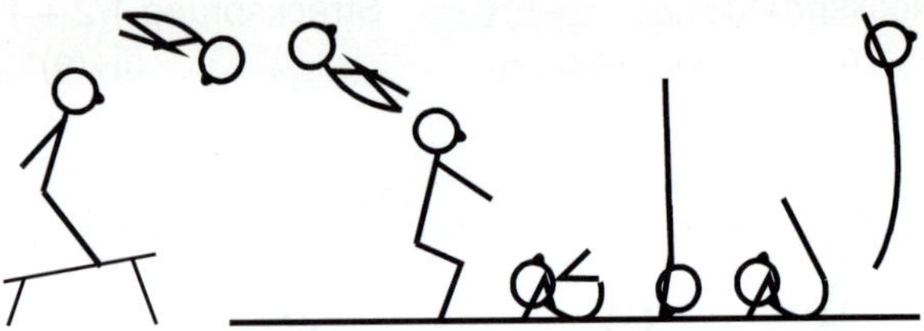

Salto vorwärts - Landung - Rolle vorwärts - Handstandabrollen - Strecksprung

129

Salto rückwärts - Strecksprung 1/1 Drehung - Rolle rückwärts - Handstand - Strecksprung 1/2 Drehung - Rolle vorwärts - Strecksprung

9. Turnen an Bewegungsbahnen

Merke: Sicherheits- und Hilfestellung und Weichmatten sind wichtig!

An Bewegungsbahnen werden Bewegungsabläufe aneinander gereiht. Die Anordnung der Geräte bestimmt die räumlich/zeitliche Gliederung von komplexen Abläufen.

Die Bewegungserfahrungen, die man bei diesen konditionell anspruchsvollen Bewegungsbahnen macht, schaffen gute Voraussetzungen für das Voltigieren.

Die Sicherheit am Pferd wird durch diese Form der Bewegungsschulung verbessert.

Hinsichtlich der Umsetzbarkeit verschiedener Bewegungsmerkmale auf die Wettkampfform Voltigieren sind folgende Aspekte von Bedeutung:

- Schwungübertragungen, d.h. Impulsübertragungen von Teilkörperbewegungen auf den ganzen Körper
- die zeitliche Verschiebung des jeweiligen neuen Übungsbeginns
- die verschiedenen Formen des Rumpfeinsatzes, der Rumpf ist ein wichtiger Übertragungsteil mit richtungsweisenden Impulsen
- die Steuerfunktion des Kopfes, bei Drehungen um die Breiten- und Längsachse des Körpers

Anmerkung: Die ganze Halle wird genutzt, alle Geräte werden je nach Ausbildungs- und Leistungsstand mit einbezogen. Die Parcours werden nicht auf Zeit durchturnt sondern im Hinblick auf folgende Aspekte:

- Bewegungsharmonie,
- Bewegungsrhythmus,
- gleichmäßige, störungsfreie Vorwärtsbewegung,
- Haushalten mit der Ausdauer und der Kraft.

Auf den nun folgenden Seiten finden Sie sechs Beispiele für Bewegungsbahnen.

Bahn 1

a) balancieren über eine umgekippte Bank

b) rollen über ein Kastenteil

c) abrollen über eine schräge Ebene

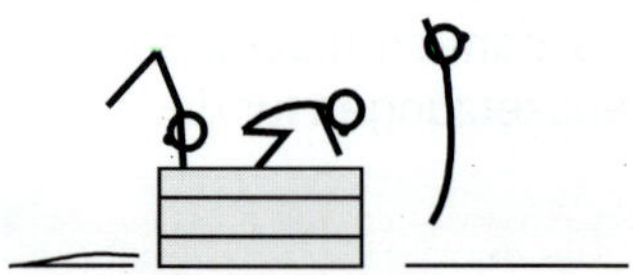

d) aufhocken auf einen Kasten und abrollen

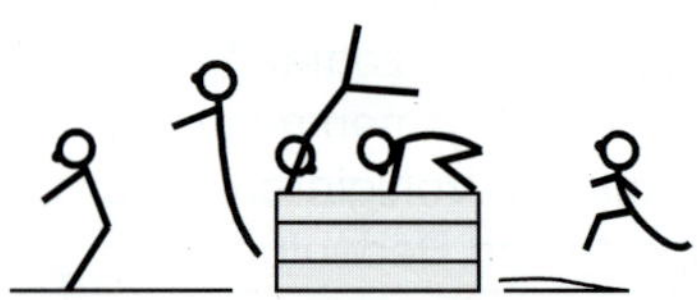

e) aufhocken auf einen Kasten und abgrätschen

g) Im 3er-Rhythmus überlaufen der Kästen, Kästen 5 Schritt auseinander

f) Strecksprung ganze Drehung mit Minitrampolin mit anschließender Rolle vorwärts und Strecksprung

Bahn 2

a) Radwende

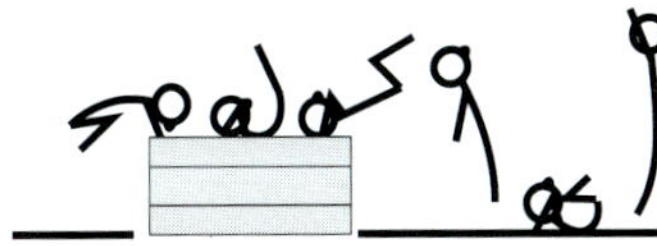

b) Aufhocken auf einem Kastenteil, anrollen, Nacken-Kippe, Rolle vorwärts, Strecksprung

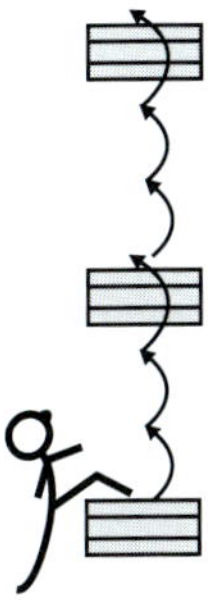

g) Im 2er-Rhythmus Kästen überlaufen, 3 Schritt Abstand der Kästen

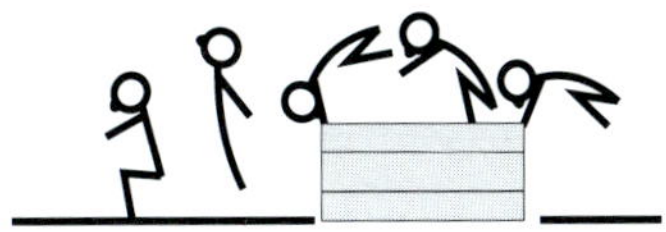

c) aufhocken, abhocken am Kasten

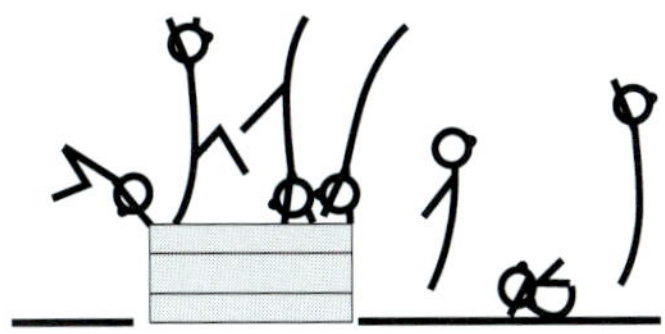

d) aufhocken am Kasten, Hanstützüberschlag (Helfer), Rolle vorwärts, Strecksprung

f) Barren, Rückschwung, Sitz, Vorschwung, abgrätschen über beide Holmen (Helfer)

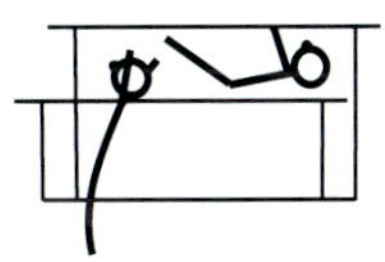

e) Unterschwung am Stufenbarren

Bahn 3

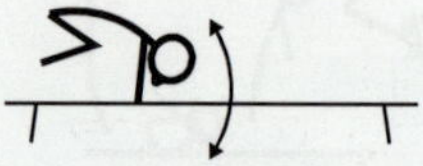

a) über eine Langbank in der Hocke nach li+re stützen mit 1x Zwischenfedern und Vorfassen, springen

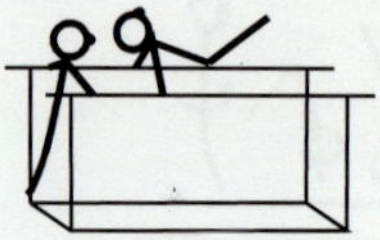

b) Laufkehre am Barren nach li+re

c) Minitrampolin, Strecksprung ganze Drehung, Rolle vorwärts, Strecksprung

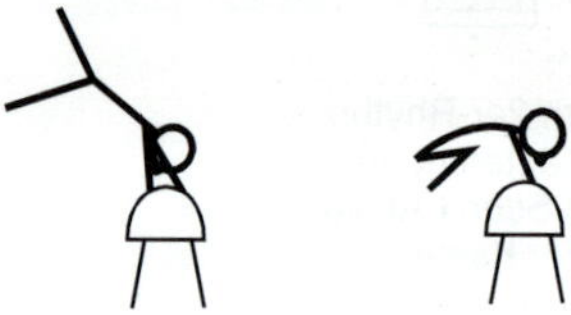

d) Grätsche und Hocke über einen Bock

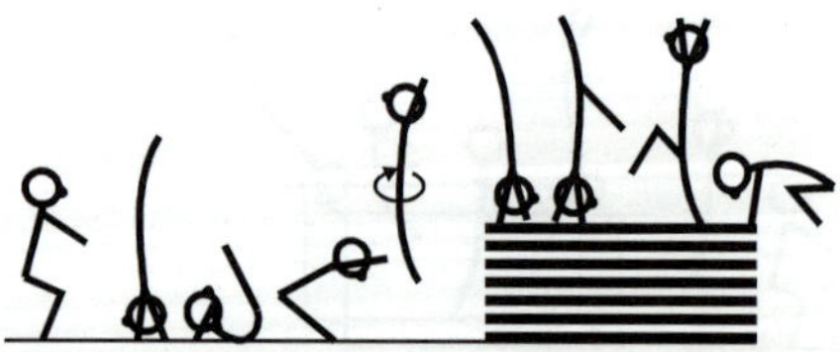

e) Auf einen Mattenberg aufhocken, Handstützüberschlag, Strecksprung ganze Drehung, Rolle rückwärts durch den flüchtigen Handstand

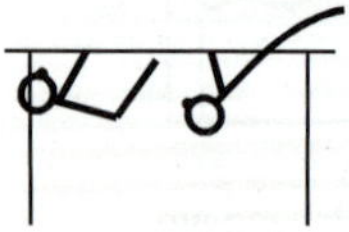

f) Unterschwung am Reck

g) in Bauchlage über eine Bank ziehen

h) Im 2er-Rhythmus Medizinbälle überlaufen, Bälle 3 Schritt auseinander

Bahn 4

a) Überlaufen einer Bank

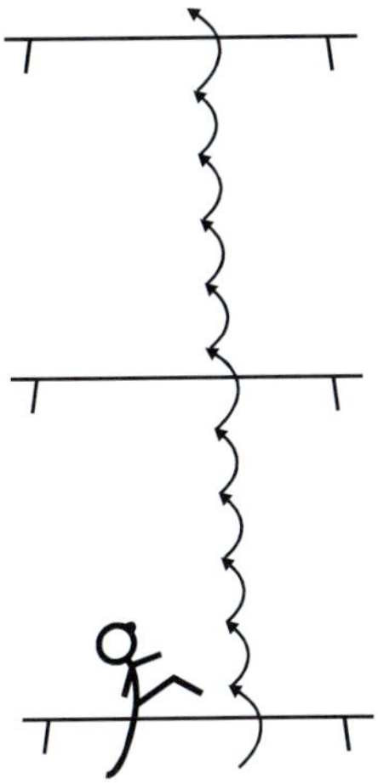

g) Im 5er-Rhythmus Bänke überlaufen, Bänke 7 Schritte auseinander

f) Minitrampolin, Salto vorwärts

b) Rolle vorwärts, Strecksprung, Kastenteil überlaufen, Handstand abrollen, Kastenteil überlaufen

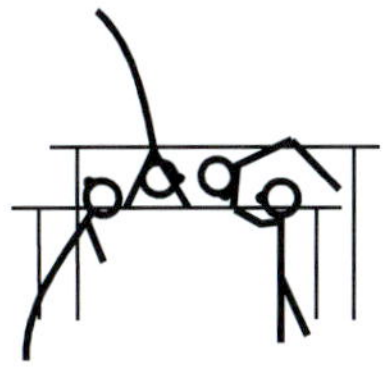

c) Handstützüberschlag am Stufenbarren (Helfer)

d) Grätsche über Kasten

e) Grätsche, Rolle vorwärts, Strecksprung, Hocke, Handstand abrollen

Bahn 5

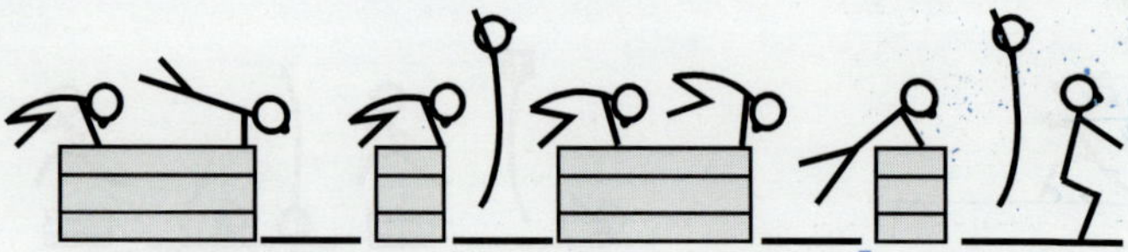

a) Kasten lang, aufhocken, abgrätschen - Kasten quer, aufhocken, Strecksprung - Kasten lang, aufhocken, abhocken - Kasten quer, aufgrätschen, Strecksprung

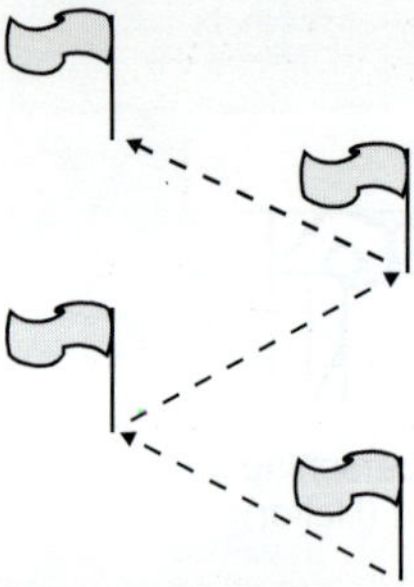

g) Zick-Zack-Lauf durch Fähnchen

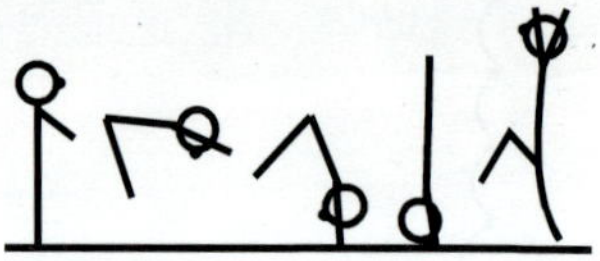

b) aus dem Anlauf Handstützüberschlag

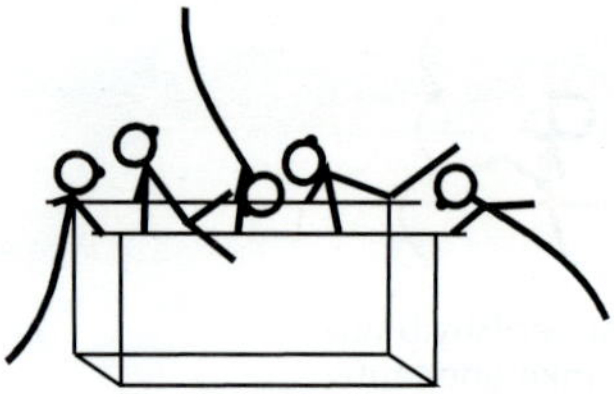

c) in den Barren in den Außenquersitz, einschwingen Sitz, nach hinten ausschwingen, vorschwingen und Kehre (Helfer)

f) Minitrampolin, Salto vorwärts, Rolle vorwärts, Strecksprung

d) in Bauchlage sich über 2 Bänke ziehen

e) Minitrampolin, Strecksprung 1/2 Drehung, Rolle rückwärts durch den flüchtigen Handstand

Bahn 6

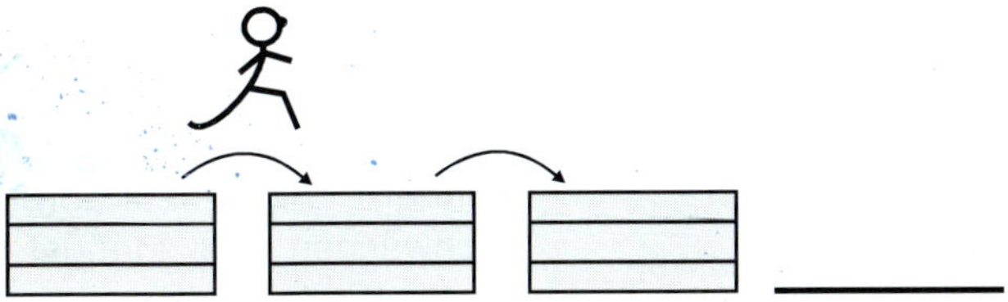

a) überlaufen von Kästen

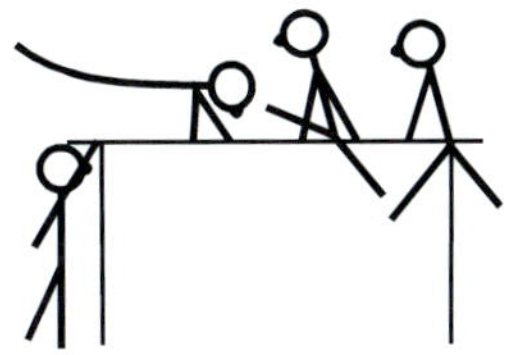

b) Schwebebalken Längsstütz, ein Bein überspreizen, abwenden in den Stand

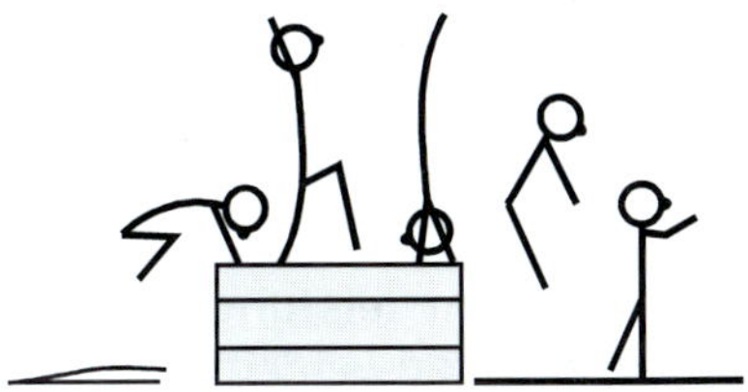

c) aufhocken, Handstützüberschlag vom Kasten

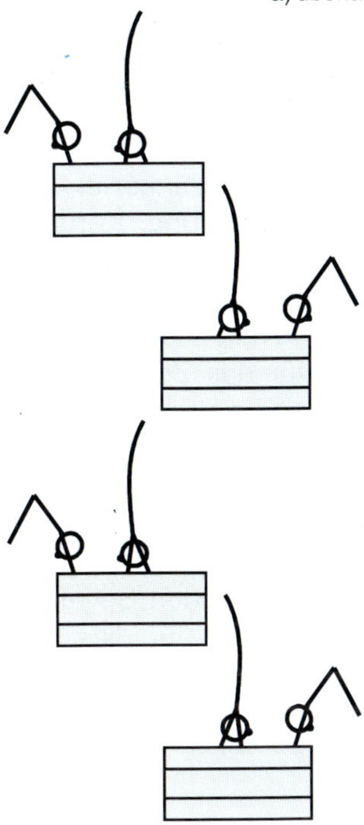

e) Kastenteil, breit gefaßt, Handstand li+re abbücken

d) Minitrampolin und Kasten quer, Handstützüberschlag (Helfer), Rolle vorwärts, Strecksprung

10. Stationsausbildung in der Voltigierstunde

Merke: Die Übungen sind so gewählt, daß eine zweite Aufsicht normalerweise nicht notwendig ist!

Stundenbeispiele

Die Voltigierstunde beginnt mit einem ca. 10 bis 15 minütigen **Aufwärmprogramm**, bei dem die Halte- und Bewegungsmuskulatur unter besonderer Berücksichtigung der Beweglichmachung der Wirbelsäule durchgearbeitet wird. Parallel dazu wird das Voltigierpferd ablongiert.

Da aber auch im Verlauf der Voltigierstunde die Kinder nicht kalt, d.h. wieder steif werden dürfen und **die Muskulatur in einem leistungsbereiten Zustand erhalten** werden muß, darf es keine „wartenden Kinder" geben.

Gerade allgemeine Kraftübungen, besonders aber rhythmisch ablaufende Übungen, sind notwendige Ergänzungen. Der bei Kindern **stark ausgeprägte Bewegungsdrang** muß außerdem in den begleitenden Stationen kanalisiert werden, um **am Pferd ruhig und besonnen** arbeiten zu können. Motorische Aktivität beruhigt bekanntlich und wirkt bereits als vor- oder nachbereitendes Element, welches die Leistungsbereitschaft des Kindes am Pferd erhöht.

Etwas anders jedoch liegt der Fall bei Kindern, die besondere, sichtbare Schwächen oder Mängel haben. Für diese Kinder muß man ganz gezielt Stationen und Übungen einbauen, um vorhandene Schwächen und Mängel auszugleichen.

Durch die Stundenbeispiele werden neben dem Ausbildungsziel, die geforderten Pflicht- und Kürübungen exakt und eindrucksvoll darzubieten, auch Willenskraft, Konzentrationsfähigkeit und Selbstbeherrschung gefördert. Auch für das Zusammenfinden als Gruppe und die Entwicklung eines Gruppengefühls sind vor allem kleine Spiele sehr wirkungsvoll und außerordentlich wichtig.

Auf den nun folgenden Seiten finden Sie zehn Beispiele für die Stationsausbildung.

Beispiel 1

20 Kinder, je Station
5 Kinder, alle 10
Minuten wechseln

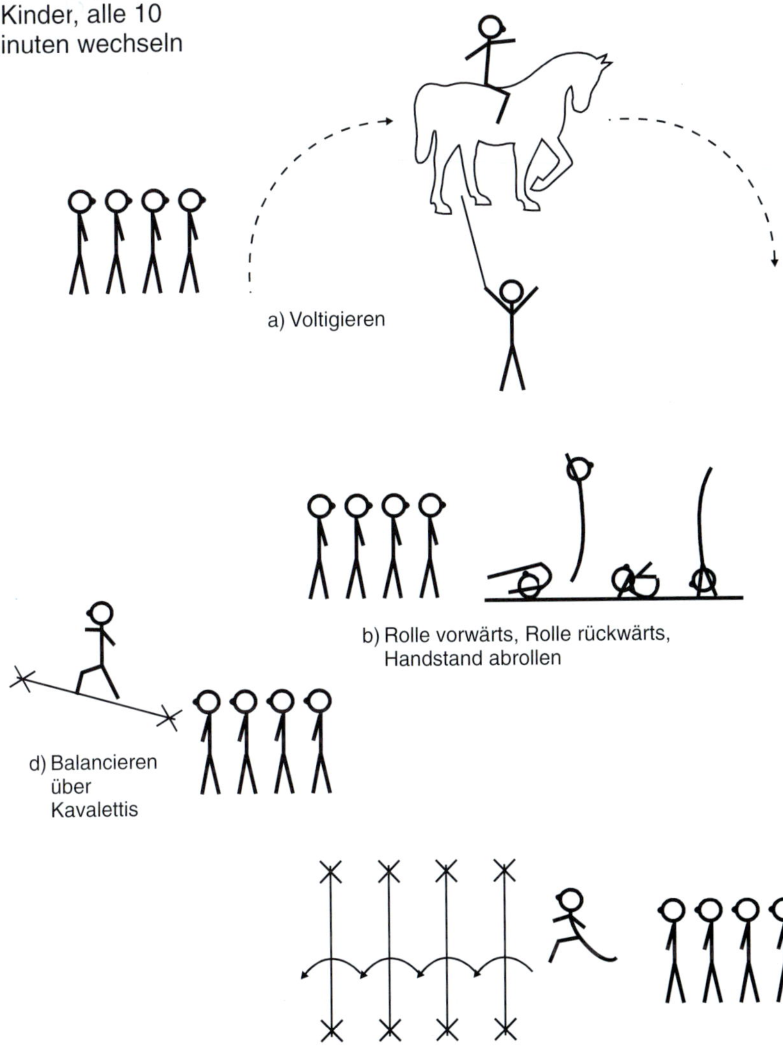

Beispiel 2

20 Kinder, je Station
5 Kinder, alle 5
Minuten wechseln

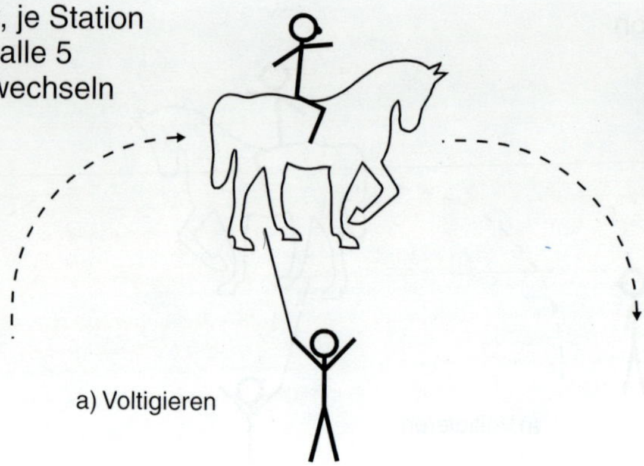

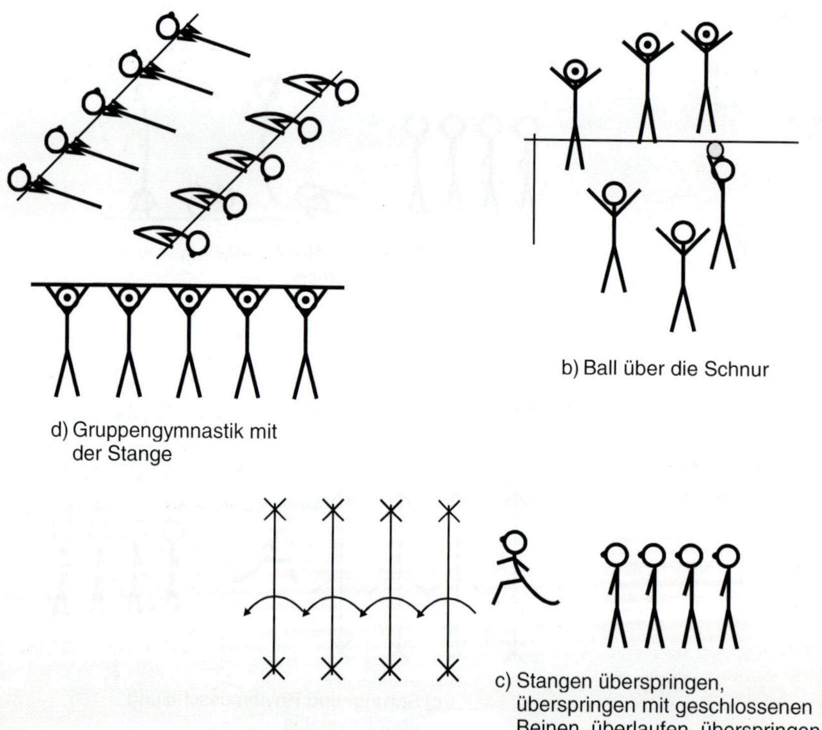

Beispiel 3

30 Kinder, je Station
5 Kinder, alle 5
Minuten wechseln

Beispiel 4

27 Kinder, je Station
3 Kinder, alle 3
Minuten wechseln

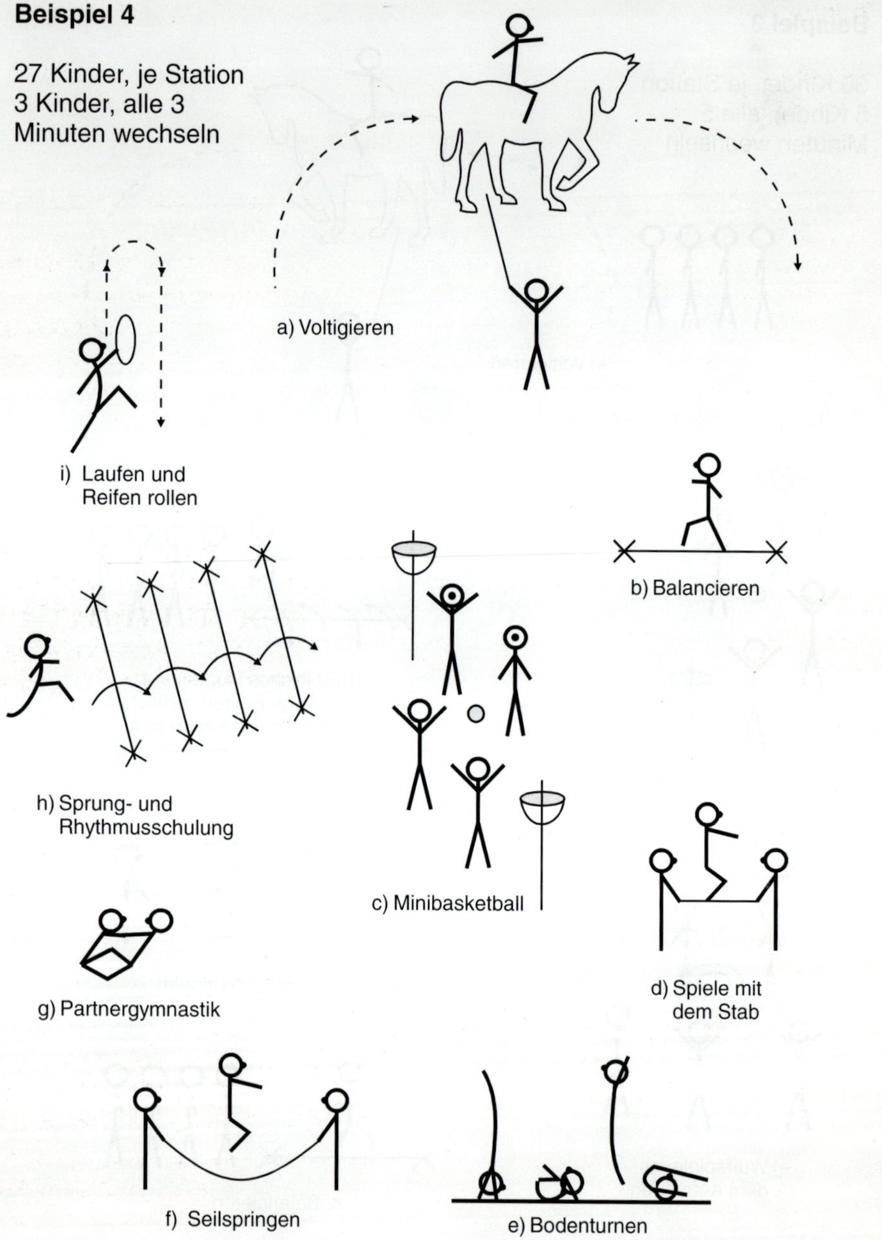

Beispiel 5

20 Kinder, je Station
4 Kinder, alle 3
Minuten wechseln

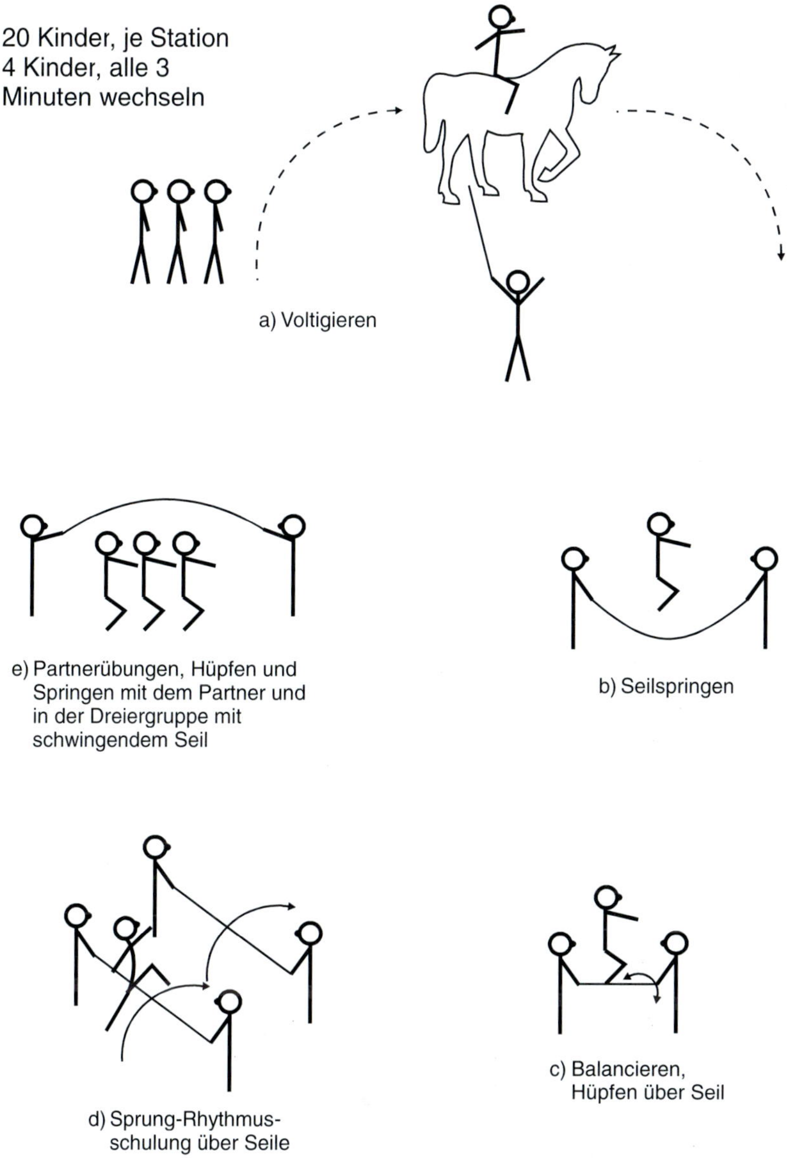

Beispiel 6

20 Kinder, je Station
4 Kinder, alle 3
Minuten wechseln

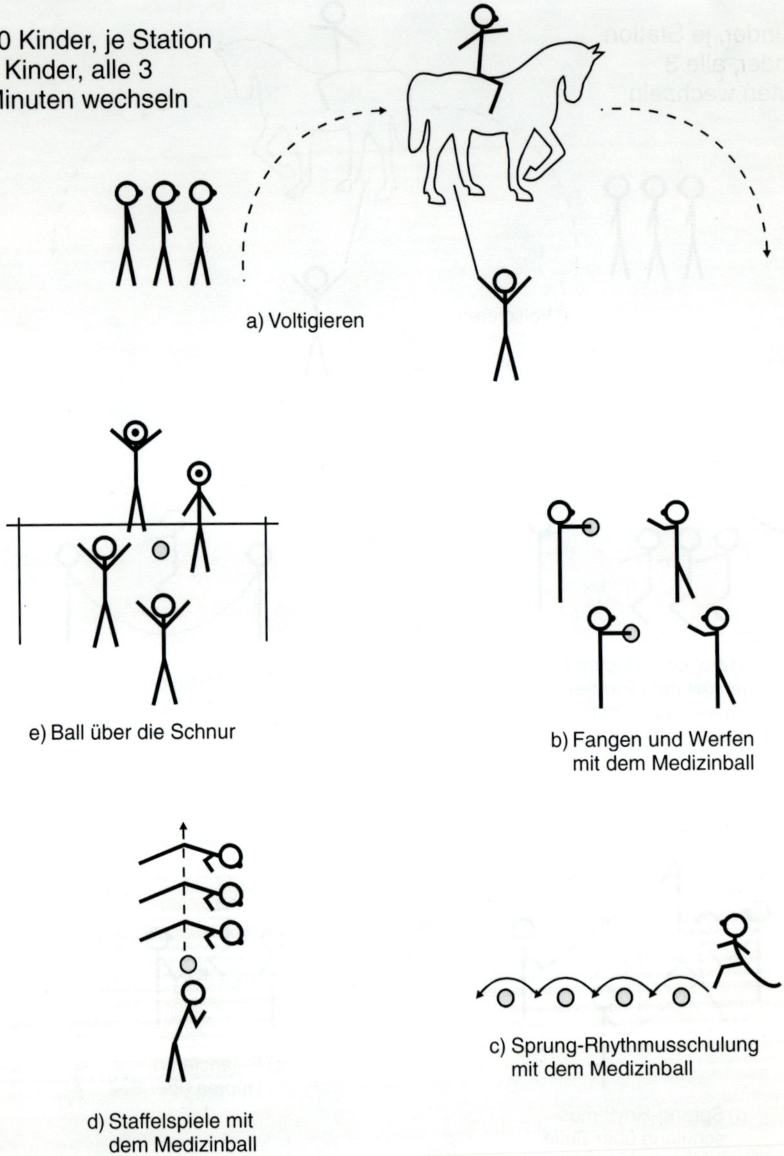

Beispiel 7

20 Kinder, je Station
4 Kinder, alle 3
Minuten wechseln

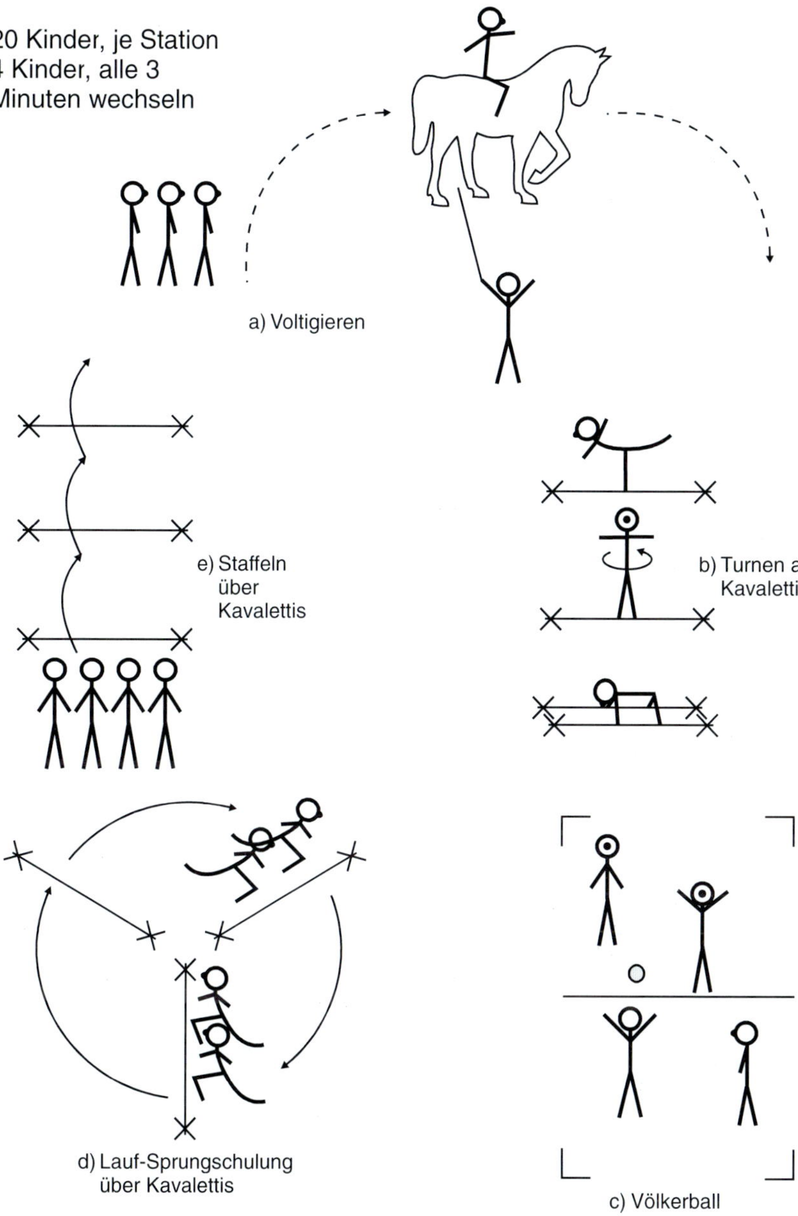

Beispiel 8

24 Kinder, je Station
4 Kinder, alle 3
Minuten wechseln

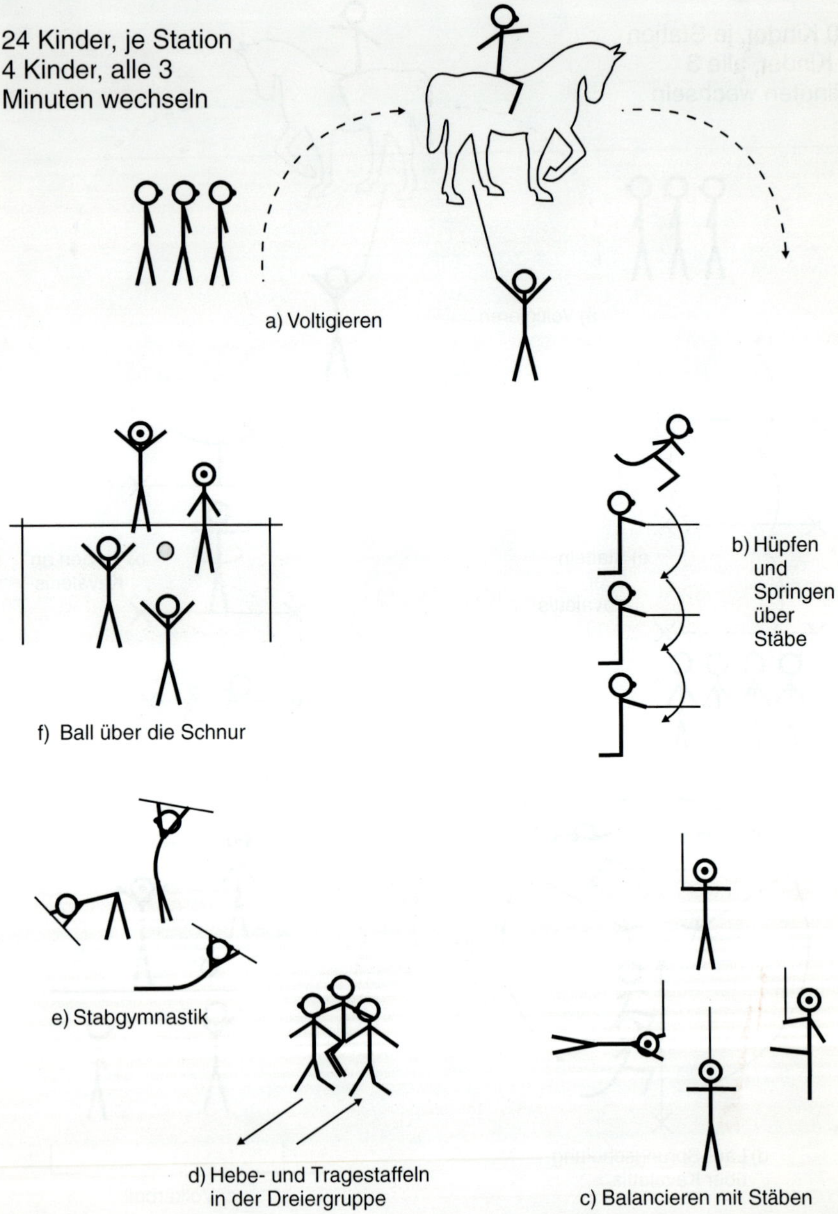

Beispiel 9

16 Kinder, je Station
4 Kinder, alle 5
Minuten wechseln

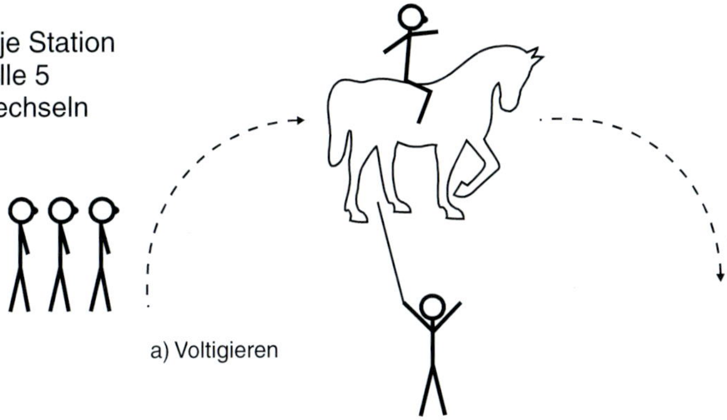

a) Voltigieren

d) Ball über die Schnur

b) Standwaage

c) Hocke, Flanke, Grätsche

Beispiel 10

20 Kinder, je Station
2 Kinder, alle 5
Minuten wechseln

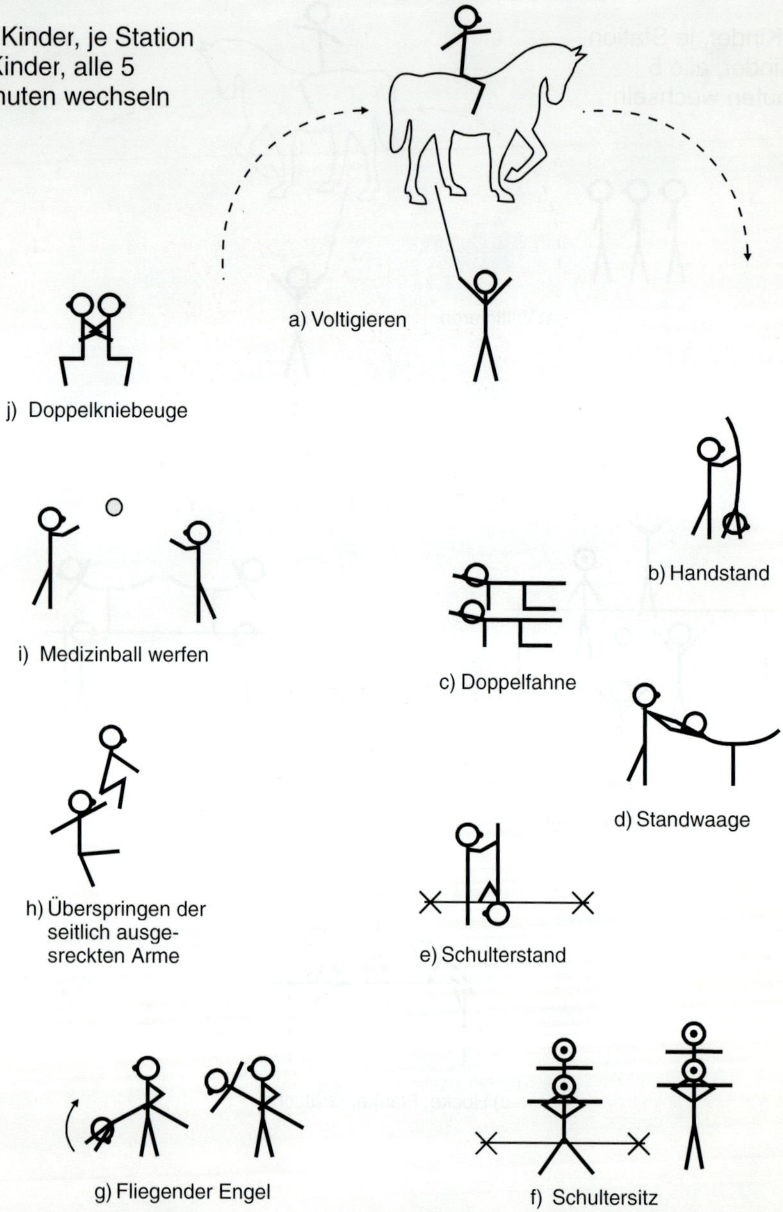

KAPITEL 11

Hinweise für Fahrer

Wer als Fahrer Rückenproblemen vorbeugen will, muß mit gezielten Übungen der Belastung beim Fahren entgegnen. Es ist notwendig, die Sitzposition zu kontrollieren und das „muskuläre Stützkorsett“ zu trainieren.

So wie der Reiter die Schwingungen der Bewegungen des Pferdes muskulär, zur Entlastung der Wirbelsäule ausgleichen muß, genauso hat der Fahrer die Schwingungen des Wagens auszusitzen. Das richtige Sitzen muß folglich beachtet werden; dabei erfühlt man die Spannungszustände der gesamten Muskulatur. Aus diesem Grunde sind **die grundsätzlichen funktionellen gymnastischen Übungen** für den Fahrer notwendig.

Allgemeines Wohlbefinden auf dem Bock hat etwas mit innerer Balance zu tun. Mit der Veränderung des Bewußtseins verändern sich auch Verhaltensweisen. Da Fahrer auch Streßbelastungen ausgesetzt sind, sind neben einer funktionalen Rückengymnastik auch allgemein konditionelle Voraussetzungen zu schaffen. Normales physisches Aufwärmen durch Gymnastik z.B. verbessert das Körpergefühl und indirekt die Reaktions- und Koordinationsfähigkeit. Durch gezielte Übungen erhöht man Aufmerksamkeit und Konzentrationsfähigkeit.

Für den Fahrer kann allgemeine körperliche Belastung, d.h. Kraftausdauer, Ausdauer durch

- den Ausgleich muskulärer Dysbalancen, z.B. zu schwache Rückenmuskeln,
- gezielte Gymnastik – ständige Mobilisation der Wirbelsäule, sowie
- die Lockerung verspannter Muskeln positiv beeinflußt werden.

Verhaltenstraining für den Fahrer

Der Fahrer muß lernen, sich kontrolliert zu verhalten. Das Verhalten soll belastungsreduzierend und wirbelsäulengerecht sein. Dazu gehört auch wirbelsäulenfreundliches Arbeiten, z.B. beim Heben von Kisten, von Geschirren, pflegen des Pferdes oder Fahren einer Mistkarre. Stets sollte der Fahrer sich vergegenwärtigen, ob sein Rücken richtig belastet und gerade ist. Die Ausbilder sollten einen Blick für falsches Sitzen entwickeln und die Fahrer stets darauf hinweisen.

Die Wirbelsäule als zentrales Achsenorgan stabilisiert u.a. die aufrechte Haltung. Jedes Abweichen schafft Probleme in der Belastung.

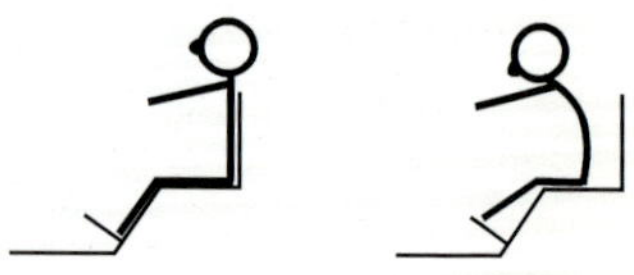

Richtig Falsch

Merke: Der Rücken muß gerade sein, die Knie dürfen nicht ganz durchgedrückt oder gar überstreckt sein. Ein kleiner Spielraum im Kniegelenk ist für die Anpassung an Schwingungen und für die Balance von Bedeutung.

Wo liegen die Probleme des Sitzens?

Die Probleme des Sitzens liegen zum einen in der Erschlaffung und der Verkürzung der Bauchmuskulatur, der dadurch hervorgerufenen Tendenz zum Rundrücken und der damit verbundenen Einengung und Beeinflussung der Atmungs- und Verdauungsorgane, sowie zum anderen in einer ungünstigen Belastung der Wirbelsäule.

Sitzen ist immer dann richtig, wenn die Wirbelsäule sich in ihrer physiologischen Form befindet. Das Becken ist dabei leicht nach vorne gekippt und bildet die Voraussetzung einer natürlichen Krümmung in der Lendenwirbelsäule. Der Übergangsbereich vom Kreuzbein zur Lendenwirbelsäule wird dabei optimal belastet. Der Brustkorb hebt sich automatisch und ermöglicht eine freie Atmung.

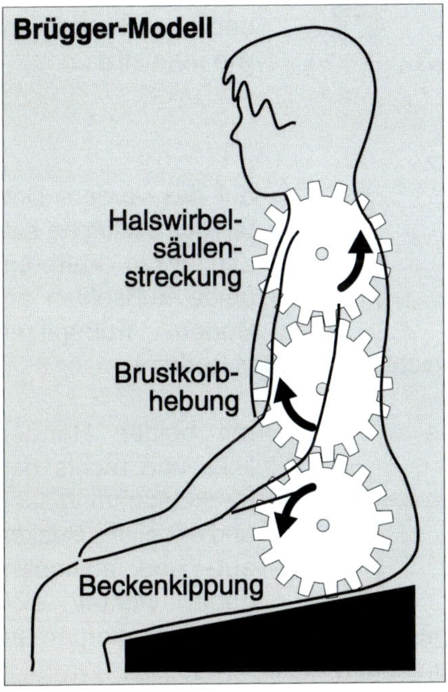

Im Bereich der Halswirbelsäule kommt es zu einer Streckung und somit zu einer gleichmäßigen Belastung der Wirbelsäulenelemente. Ein bekanntes Modell nach Brügger zeigt dies besonders deutlich (siehe Abbildung).

Üben der physiologisch „richtigen" Sitzhaltung:

- gerades Sitzen auf der Sitzfläche,
- hüftbreites Öffnen der Beine, beide Fußsohlen haben Kontakt zum Boden. Fußspitzen und Knie zeigen leicht nach außen,
- Ober- und Unterschenkel bilden einen rechten Winkel zueinander,
- das Becken langsam nach vorne rollen, den Oberkörper aufrichten,
- Blick nach vorne und Schultern und Arme locker hängen lassen,
- im Lot sitzen, die beiden Sitzbeinknochen erspüren,
- aus dieser aufrechten, gestreckten Sitzhaltung wird das Becken in kleinen Bewegungen auf den Sitzbeinknochen balanciert.

Beim Fahren muß man „dynamisch Sitzen“. Eine verkrampfte, ruhige Körperhaltung ist unphysiologisch und belastet die Bandscheiben, die Bandstruktur und die Muskulatur. Die wechselnden Spannungen und die richtig zu den Körpermaßen des Fahrers passenden Stützhilfen sind zu beachten.

Leichte Beckenbewegungen auf der Sitzfläche, be- und entlastend wirkend, sorgen für die bessere Versorgung der Bandscheiben. Dynamisches Sitzen bedeutet bewegtes Sitzen, mit entlastenden Phasen im Becken und im Oberkörper, ohne das eigene Körperlot zu verändern.

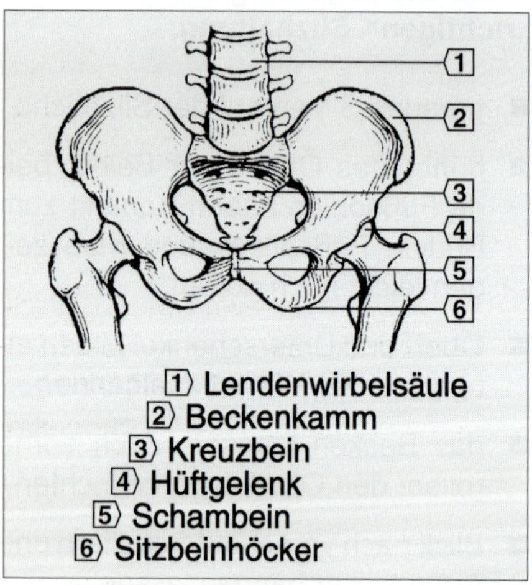

Der aufrechte, gelöste Sitz auf dem Bock ist eine labile Gleichgewichtslage. Der Schwerpunkt liegt immer über dem Sitzbeinknochen. Eine kräftige und zugleich elastische Muskulatur hält den Körper im Gleichgewicht. Dynamisches Sitzen beansprucht die Muskulatur in ökonomischer Weise und verteilt den Druck, der beim Fahren auf dem Körper lastet, gleichmäßig auf die Flächen der gesamten Bandscheiben.

Als Ausgleichshilfen für den Fahrer – vor und nach dem Training oder als Warmmachen gedacht oder auch bei schon spürbaren Rückenproblemen – eignet sich das folgende Zusatzprogramm:

1

auf einem Stuhl sitzen, Augen schließen und wahrnehmen, wie man sitzt

2

auf das vordere Drittel der Sitzfläche setzen, Knie hüftbreit, beide Fußsohlen am Boden, Fußspitzen leicht nach außen gedreht

3

mit beiden Händen links und rechts den Beckenkamm fassen und dabei das Becken auf- und abkippen, dabei richtet sich beim Aufkippen der Oberkörper auf und beim Abkippen ab.

4

eine Hand auf den Bauch, die andere in den Rücken legen, dabei auf- und abkippen des Beckens. Man spürt dann die Bewegung in der Lendenwirbelsäule.

5

man sucht jetzt die Mittelstellung

6

zurücklegen, nach vorne und zur Seite beugen und die Spannung erfühlen, die entsteht, wenn der Körper nicht lotrecht ist

7

auf dem Stuhl gerade sitzen und Schulterkreisen, Arme seitlich gestreckt

8

auf dem Stuhl gerade sitzen, Ellenbogen bis zur waagerechten hochziehen, Hände hinter den Kopf, Ellenbogen auseinanderführen und somit die Schulterblätter zusammenführen

9

auf dem Stuhl gerade sitzen, Hände vor der Brust gegeneinander drücken, Ellenbogen auf Höhe der Hände, vor der Brust

10

auf dem Stuhl gerade sitzen, Arme über dem Kopf, Hände falten, Arme strecken, die Handflächen zeigen zur Decke

11

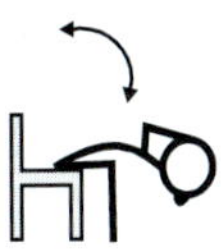

aus dem geraden Sitz den Oberkörper langsam auf- und abrollen

12

auf dem Stuhl gerade sitzen, Knie auseinander und den Oberkörper gestreckt nach vorne beugen

13

aus dem geraden Sitz den gestreckten Oberkörper nach vorne legen, dabei in den Knien nachgeben und das Gesäß vom Stuhl abheben und einen Gegenstand heben

14

aus dem geraden Sitz bei völlig gestrecktem Rücken aufstehen und hinsetzen

15

im Stand ein Knie auf den Stuhl stützen, mit einer Hand den Fuß umfassen und den Fuß behutsam zum Gesäß ziehen (kein Hohlkreuz)

16

einen Fuß auf den Stuhl stellen und die Hüfte strecken

17

dieselbe Übung wie 16, beide Hände auf die Stuhllehne stützen

18

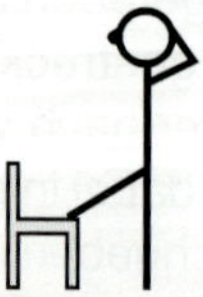

ein Bein leicht gebeugt auf den Stuhl stellen, dann das Bein langsam strecken und die Hüfte strecken

19

aus dem geraden Sitz im Wechsel rechtes und linkes Bein in die Waagerechte strekken und halten

20

gerade auf dem Stuhl sitzen und linkes und rechtes Bein im Wechsel gestreckt heben und senken

21

gerader Stand seitlich zum Stuhl, ein Bein seitlich auf den Stuhl legen und Rumpfseitbeuge durchführen

22

vor dem Stuhl stehen, einen Fuß auf den Stuhl aufsetzen, Bein strecken und über das gestreckte Bein den Oberkörper vorsichtig, bei geradem Rücken nach vorne beugen

23

vor dem Stuhl, mit dem Rücken zum Stuhl beide Hände aufgestützt, tiefe Kniebeuge, hochkommen bis zum rechten Winkel Oberschenkel Kniegelenk

24

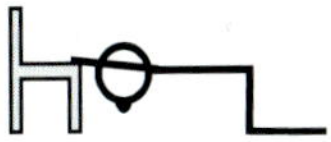

vor dem Stuhl im Kniestand Rumpfvorbeuge, beide Hände mit den Handflächen auf den Stuhl, Arme gestreckt und den Oberkörper nach unten beugen

25

im geraden Sitz Arme zur Seite strecken, Hände im Handgelenk abknicken, so daß die Handflächen nach außen zeigen und beide Arme nach außen strecken

Methodische Anmerkungen

- man muß sich vor und nach dem Fahren bewegen, „der Stuhl ist immer dabei“,
- stets den Rücken gerade halten, beim Heben, putzen und selbstverständlich beim Fahren,
- keine schweren Lasten heben,
- beim Bücken Hüft- und Kniegelenke beugen,
- nicht mit völlig durchgedrückten Knien stehen oder fahren,
- Lasten nahe am Körper halten und gut verteilen,
- sperrige Gegenstände möglichst zu zweit tragen,
- nicht im Hohlkreuz und nicht mit krummem Rücken liegen,
- viel schwimmen gehen und beim Schwimmen die Lage wechseln (in Bauch- und Rückenlage schwimmen),
- täglich eine halbe Stunde die 25 Übungen mit dem Stuhl durchführen (z.B. bei Lehrgängen), dazu vorher etwas aufwärmen und dehnen,
- Sitzposition am eigenen Fahrzeug auf den eigenen Körper genau einstellen.

Leistungskontrolle *nach dem Cooper-Test*

Name:

Datum	Laufleistung	Puls/min

Name:

Datum	Laufleistung	Puls/min

Tragen Sie die in den 12 Minuten gelaufene Strecke in Metern und die anschließend gemessene Pulsfrequenz ein (s.a. Kapitel 9, Seite 62)

Literaturverzeichnis

Antretter, Dr. H-D.: Dehnen und Kräftigen, Philippka Verlag

Autorenkollektiv (Dr. H. Brauchitsch, C. Chmiel, C. Elsner, C. Hess, E. Meyners, R.-M. Rash u.a.): Sportlehre: Lernen, Lehren und Trainieren im Pferdesport, FN-Verlag 1992

Blum, B.: Stretching, Sportinform Verlag 1985

Chmiel, C.: Gymnastik für Reiter, FN-Verlag 1972

Chmiel, C.: Konditionstraining & Ausgleichssport für Reiter und Voltigierer, FN-Verlag 1987

Chmiel, C.: Sportlich aktiv – gesund ernährt, Ceres-Verlag

Cooper, P.: Bewegungstraining ohne Angst, BLV Verlag 1982

Dietze, S. von: Balance in der Bewegung, FN-Verlag 1992

Gast, U. / Rüsing, G.: Voltigieren – lernen – lehren, FN-Verlag 1992

Grosser, M. u.a.: Konditionsgymnastik, Celle: Pohl 1992

Hagron, E.: Die aktive Krankengymnastik, 1981

Harre, D.: Trainingslehre, Sportverlag 1986

Heipertz, W.: Sportmedizin, Thieme Verlag 1976

Jonath, K.: Konditionstraining - Training - Technik - Taktik, Rowohlt Verlag 1987

Kempf, H.D.: Die Rückenschule, Celle: Pohl 1991

Knebel, K.-P.: Funktionsgymnastik, Rowohlt Verlag 1991

Koch, K.: Bewegungsschulung an Gerätebahnen, Hoffmann Verlag 1980

Noack, W.: Sportliche Belastungsfähigkeit, Sportverlag 1982

Preibsch, M. / Reichardt, H.: Schongymnastik, BLV Verlag 1993

Röthig, P.: Sportwissenschaftliches Lexikon, Hofmann Verlag 1992

Roth, K.: Bewegungslehre, Rowohlt Verlag 1983

Sölveborn, S.: Das Buch von Stretching, Mosaik Verlag 1989

Ungerer, D.: Leistungs-Belastungsfähigkeit im Kindes- u. Jugendalter, Hoffmann Verlag 1970

Ungerer, D.: Motorisches Lernen, Üben und Trainieren, Hoffmann Verlag 1984

zum Autor

Claus Chmiel, geb. 25.5.39

Absolvent der Deutschen Sporthochschule Köln (Diplom)

Studium der Sozialwissenschaften und Publizistik an der Westfälischen-Wilhelms-Universität Münster

Sportbücher-Autor

Lehraufträge an der/dem
- Sportschule der Bundeswehr
- Deutschen Reitschule
- Trainer-Akademie Köln
- Olympiastützpunkt Westfalen

Schwerpunktfächer:
- Fachmethodik, Sportlehre (allg.)